YAMAKAWA LECTURES

8

マルク・ボーネ

中世ヨーロッパの都市と国家

ブルゴーニュ公国時代のネーデルラント

もくじ

マルク・ボーネと中世都市史研究
河原　温
5

中世後期ヨーロッパの都市
近代性の兆候と災禍
21

中世ネーデルラント　都市の「世界」か？
ヨーロッパのコンテクストにおける都市史
62

高度に都市化された環境のなかの君主国家
南ネーデルラントのブルゴーニュ公たち
104

参考地図　15世紀のブルゴーニュ公国最大領域と都市

読者のための参考文献

マルク・ボーネ主要著作

CITY AND STATE IN THE MIDDLE AGES
——BURGUNDIAN NETHERLANDS——

BY MARC BOONE

CONTENTS

Marc Boone and the Study of Medieval Urban History

Atsushi Kawahara

5

Cities in Late Medieval Europe:
the Promise and the Curse of Modernity

(*Urban History*, 39–2 (2012), Cambridge U. P., p. 329–349)

21

The Medieval Low Countries, a Land of Cities ?
Urban History in a European Context

62

A Princely State in a Highly Urbanized Environment:
the Dukes of Burgundy in the Southern Netherlands

104

Further Reading

Major Works of Marc Boone

マルク・ボーネと中世都市史研究

河原　温

マルク・ボーネ教授について

現在ベルギーのヘント大学文学部長であるマルク・ボーネ教授は、一九五五年にヘントで生まれた。ヘントは現在、オランダ語圏のベルギーでアントウェルペンにつぐ第二の都市であり、フランドル伯の城やシント・バーフ教会をはじめ、中世の遺産を数多く残している歴史的都市である。ヘントでは十九世紀にヘント大学が設立され、十九世紀末から二十世紀初頭にかけて、アンリ・ピレンヌ、フランス・デ・ポッテルらをその代表として、ロマン主義の影響も受けた中世主義の高まりのなかで、中世史研究の大きな拠点となっていた。

二十世紀前半、ベルギーは中立を守っていたにもかかわらず、第一次、第二次世界大戦という二十世紀ヨーロッパが被った二度の戦争においてドイツに占領され、政治的にも文化的にも大きなダメージを被った。当時すでに中世史家として名をなしていたピレンヌが、第一次世界大戦で、ドイツの捕虜として収容所で過ごし、帰国後、祖国の英雄として迎えられたことはよく知られている。第二次世界大戦後、復興したベルギーにおいて、ヘント大学は再び、中世史の分野で優れた研究者を輩出し、ピレンヌの弟子だったフランソワ・ルイ・ガンスホフの系譜を引くハンス・ヴァン・ウェルフェーケ、アドリアーン・フルヒュルストらが、一九六〇年代以降中世社会経済史を中心にヘント大学の学問的伝統を再び輝かせるにいたった。

ボーネ教授は、このように伝統あるヘント大学で、ウェルヴェーケの後継者であるワルター・プレヴニール(一九三四〜　)教授のもとで学び、一九七七年に歴史学を専攻して卒業した。その後、プレヴニール教授のもとで助手を務め、一九八七年に博士号を取得した。博士論文は、「ヘントとブルゴーニュ諸公　一三八四頃〜一四五三頃——国家形成過程の政治社会的研究」であり、この大部な博士論文は一九九〇年に二冊に分けて刊行され、中世後期のヘントの社会構造の分析を中心として、ブルゴーニュ公国下のフランドル都市の政治社会の動態をあますところなく描き出した画期的な著作として今日まで揺るぎない評価を得ている。[1]

ボーネ教授は、一九九九年以降、プレヴニール教授の退官後その後を襲ってヘント大学の中世史の正教授を務めている。教授はヘント史、フランドル史のみならず、ヨーロッパ国際都市史協会のような国際的な都市研究組織のメンバーとして活動し、中世都市史をめぐる数多くの国際共同シンポジウムをフランスやドイツの著名な研究者たちと主催している。またベルギー政府による中近世都市史研究に関する大学間プロジェクト（Interuniversity Attraction Pole）の責任者として多くの研究者を集めてシンポジウムを開催してきた。その成果の多くは、ブレポルス社をはじめとするベルギーの出版社から刊行されている。[2] ボーネ教授は、ベルギーのフランドル・アカデミーの会員であり、パリ大学やブリュッセル自由大学で客員教授を務める一方、現在はヘント大学文学部長として、大学組織においてもまさに重鎮としての役割を果たされている。

一九八一年に十五世紀末の都市ヘントの社会構造を扱った最初の著書（共著）刊行以来、三五年にわたるボーネ教授の研究の柱は、大きく分けて三つあるといえよう。第一に、中世後期のヘントを中心とするフランドル都市の政治社会史、第二にブルゴーニュ公国支配期のフランドル都市と君主（ヴァロワ・ブルゴーニュ家、ハプスブルク家）との権力秩序をめぐる政治文化史、そして、第三に十九世紀から二十世紀のベルギー史学史および歴史方法論である。

近年邦訳されたボーネ教授の最新の著書『中世末期ネーデルラントの都市社会——近代市民性の探究』（八朔社、二〇一三年）にはそうした教授の研究のエッセンスが凝縮してまとめられている。ブリュッセル自由大学での講義に基づくこの著書では、ヘントを中心とする南ネーデルラント（ほぼ今日のベルギーに相当する）の都市の社会動態と上位権力たるブルゴーニュやハプスブルクの君主たちとの対抗と協調のおりなす多様な相互関係の分析がなされている。中世後期における自治的・分権的統治をめざす都市側の反乱や代表制に基づく君主との政治交渉、ブルゴーニュ公のフィリップ・ル・ボン（善良公）、シャルル・ル・テメレール（突進公）やハプスブルク家のカール五世らの統治下においてなされた都市破壊や入市式に代表される儀礼を通じて明らかとなるのは、中世ネーデルラントの都市が、北イタリア都市とは異なり、君主権力を最終的に排除することができず、北イタリア都市のような都市国家を形成しえなかったという歴史過程である。

他方、ボーネ教授は、フランドル都市の有力市民がヘントやブルッヘ、ブリュッセルなどにおかれたブルゴーニュやハプスブルク家の宮廷役人として社会的上昇を遂げていった事例の分析を通じて、君主権力のもとで社会的上昇をめざした都市貴族のアイデンティティ形成にも着目している。

ヨーロッパ都市のなかでのフランドル都市の位置づけも、ボーネ教授の重要な研究課題である。比較史というかつてマルク・ブロックが先駆的に提示した手法に基づき、ネーデルラントと北イタリアの都市における広場や街路、市庁舎といった都市の空間的・建築的空間のシンボル的な意味を比較・解読することを通じて、中世の都市アイデンティティのあり方を問う教授の試みは、近年の都市史研究の新たな方向性に棹さすものとなっている。さらにアメリカのクリフォード・ギアーツをはじめとする象徴人類学やフランスのアナール派の動向にも対応しながら、現在のヨーロッパ中世都市史研究の最先端に立って活動を続けている。近年フランスとイギリスにおいて刊行された通時的な都市史の総括ともいうべき二冊の著作(ピノル編、二〇〇五年[3]、およびクラーク編、二〇一〇年[4])において、ボーネ教授がいずれも中世都市についての中心的執筆者となっていることも、ヨーロッパにおける中世都市史研究における氏の重みを示す証左であろう。

日本での講演

ところで、今回実現したボーネ教授の我が国での講演は、東京と福岡で二つのテーマで合計三回おこなわれた。本書に収めた第二論文と第三論文がその講演テクストである。今回これらの講演を本書に収めるにあたり、氏の研究方向を示すものとして、二〇一二年にイギリスの雑誌『都市史』(Urban History)に掲載された論稿を新たに付け加えることとした。これは雑誌論文であるが、今回の日本講演の前提となるベルギーの史学史的状況を踏まえた中世都市研究の研究状況を語っているものとして注目されるからである。

この第一論文では、ほかの二つの講演テクストにはない詳細な註が付されているが、ほかのテクストとのバランスを考慮して、註は必要最小限にとどめたことをお断りしておきたい。以下では、この三編についてその内容を簡単に紹介する。

「中世後期ヨーロッパの都市——近代性の兆候と災禍」

この論文は、二〇一〇年に刊行されたボーネ教授の著書の副題(近代市民性の探究)と重なるタイトルのもとで、ベルギーを中心に十九世紀後半以降の西ヨーロッパの政治的文脈のなかで都市史研究の潮流をたどった史学史的な論稿である。

ボーネ教授は、都市的伝統ないし「都市性」(urbanity)の存在がヨーロッパの近代社会形成における重要な要素であったことを踏まえつつ、都市のもつ二面性(悪の温床と革新・創造の坩堝《るつぼ》という)が、十九世紀以来アンヴィバレント(両面価値的)に語られてきたとする。十九世紀後半の歴史家たちは、都市を「創造的な市民」が担った近代性を象徴する場として肯定的にとらえたが、その代表が十九世紀末から二十世紀初頭にかけてベルギーのみならずヨーロッパ全体で国際的名声を得たアンリ・ピレンヌであった。ドイツとフランスの狭間に位置した小国ベルギーに生まれたピレンヌは、二十世紀初頭におけるドイツとフランスという大国の双方の最良の歴史学的伝統を結びつけながら、都市のもつ近代性を肯定し、「モダニズムの使徒」となったのである。

しかし、第一次世界大戦ののち、こうした都市の近代性に対する懐疑が生じ、都市史は大きな転換を迫られた。フランスではアナール派第二世代の台頭とともに、また、アメリカでは社会学(シカゴ学派)から都市への関心が再び生じてくる。近代歴史学の誕生の地として十九世紀の歴史学をリードしたドイツでは、第一次世界大戦後、社会学者マックス・ウェーバーによりのちの世代に大きな影響を与えた都市研究が提示されたが、他方でナチス・ドイツの台頭により国家主義的歴史学がナチス政権に奉仕するにいたった。都市史もまた高度に政治化された学問としてドイツのベルギー侵攻を正当化するナチズムのイデオロギー的戦略に服することになったのである。このように都市史は、二十世紀前半のドイツにおいて明るい未来をもちえなかったが、第二次世界大戦後のドイツにおいては、西ドイツで、法制史を中心にハンス・プラーニッツやエディット・エンネンに代表される都市史の復興がみられる一方、東ドイツにおいてもマルクス主義史観に基づき、中世都市住民のコミューン運動が高く評価され、中世都市における個人と団体の相互関係を再検討する契機となったという。

そして第二次世界大戦後から二十世紀末までのヨーロッパにおける都市史研究を概括するなかで、中世都市史が、ネーデルラントや北イタリアといった都市化の著しかった地域においてとくに注目されてきた都市における個人の権利と自由、個人と政治的組織との相互関係、地域と国家の関係などをめぐる今日の新たな問いかけに応えうる領域となってきたことを強調し、中世都市は、共同生活の実験室であり、個人と個人の要求を和解させる努力をおこなう場(空間)であったとしている。中世の都市共同体は、個人と公益(公共善)の間の均衡を試みたことにおいて現代都市にとっても示唆するところの大きい研究対象なのであると結んでいる。

「中世ネーデルラント　都市の「世界」か?」

第二論文は、東京(首都大学東京)と福岡(九州大学)においてなされた講演である。第一論文においても扱われたヨーロッパ史における都市の進歩と災厄という両面価値的なヴィジョンに基づきながら、ボーネ教授は、十九世紀後半から二十世紀の歴史学にみられる進歩的歴史観、循環史観、革命的変化史観(マルクス主義)などそれぞれの歴史解釈モデルのなかで都市史の果たした役割に注目する。とりわけ都市のもつ復元力(urban resilience)に着目することで、多元論的な歴史プロセスのなかに都市の経験を位置づけることの重要性が強調されている。

ついで、二十世紀ドイツの都市史研究の伝統を代表するマックス・ウェーバーの都市論を取り上げ、彼の共同体論を紹介するなかで、相互の契約に基づいて水平的関係を共有する市民とその関係性から排除される周縁者(マルジノー)という結束と排除という両面性が中世都市にみられたことを指摘する。

最後に、ネーデルラント中世都市に特有のアイデンティティ形成にかかわった都市空間の構築を論じ、政治的・経済的・宗教的・文化的レベルで支配者（君主）側が建設した「城砦」という「シンボル」の変容のプロセスに君主と都市双方のイデオロギーの対抗関係を読み取っている。近年都市史研究において注目されている都市空間の占有をめぐる政治社会史の一つのモデルといえよう。

「高度に都市化された環境のなかの君主国家——南ネーデルラントのブルゴーニュ公たち」

第三論文は、東京（青山学院大学）でおこなわれた第二の講演である。そこでは、ブルゴーニュ公国期のネーデルラントにおける君主と都市の関係が取り上げられる。

フランス、ベルギー、オランダという近現代の三つの国家にまたがって形成された中世後期のブルゴーニュ公領の複合的な国家（ブルゴーニュ国家）形成というプロセスは、地域により多様な歩みをともなって進められた。ベルギーの場合、ピレンヌがかつて彼の著作『ベルギー史』において叙述したように、ブルゴーニュ公領の政治的統合は、十九世紀に生まれたベルギー王国の国家統合の先駆であったとみなされてきたのである。しかし、今日、ヨーロッパ統合の動きを反映して、かつてのブルゴーニュ「国家」はフランス王家のヴァロワ家の分家による野望により育まれた幻影であったとみなされるようになった（E・

ルクプル＝デジャルダンの研究）。しかし、複合国家ブルゴーニュの政治理念（イデオロギー）は、ハプスブルク家の君主（カール五世）を通じて存続する。かかるブルゴーニュ国家の形成にあたっては、ブルゴーニュ公の主導性（イニシアティヴ）のみならず、公の宮廷役人と被治者たる都市市民層、そしてその代表機関との間での交渉が重要となったのである。イタリアの都市国家とは異なり、ブルゴーニュ公統治下のネーデルラントでは、都市は君主と対立し、ときには反乱を起こして抵抗したが、軍事力において勝っていたブルゴーニュ公の政治的優位を認めざるをえない力関係にあった。とはいえ、都市側（フランドル、ブラバント、ホラントなど）の有する財政力がブルゴーニュの君主にとって不可欠であったため、君主側も都市エリートの代表者機関であった「四者会議」やのちの全国議会との絶えざる交渉を必要とし、都市イデオロギーと君主イデオロギーの競合・妥協がそこには反映されたのである。

近年では、そうした君主側のイデオロギーとともに、都市側のイデオロギーの存在を、多様な都市集団の言説分析から明らかにする研究がおこなわれ、とりわけシャルル突進公の死によりブルゴーニュ公国が失われた一四七七年というブルゴーニュ国家の伝統的終末の年以後の時代においても、ブルゴーニュ宮廷とネーデルラントの都市的伝統がヨーロッパ各国に及ぼしつづけた影響が注目されている。

ブルゴーニュの君主たちは、彼らの権力の行使にあたって、社会学者ピエール・ブルデューのいう経済資本、社会資本、文化資本についで、象徴資本を必要とした。君主の権威と正統性を得るために、君主たちとくにシャルル突進公のもとでおこなわれた司法（メヘレン高等法院創設）と財政（会計院の一本化）における集権化の試みは、シャルルの戦死という結果を受けてネーデルラント都市側には受け入れられずに終わったが、その後の政治過程は、君主側が「くに」（領邦と都市）の福利に貢献し、市民社会の価値を尊重して賢明に振る舞う限りにおいて、都市民側が君主の統治を受け入れるという「共和政的」政治システムを先取りするものであったことを示している。都市側のイデオロギーは、過去の時代に属する失われた大義を守ろうとするというよりむしろ、政治的「近代」への途をブルゴーニュ複合国家後に見出そうとするものであったというのである。

このように述べることによって、ボーネ教授は、ネーデルラントにおける都市エリート層のイデオロギーと君主側のイデオロギーのせめぎ合いのなかで、「くに」をまとめる制度的・社会的進展が十六世紀のうちに進行し、北部ネーデルラントでは、十六世紀末のオランダ共和国成立への道筋がつけられていったとして、ブルゴーニュ公統治下のネーデルラント都市民の政治イデオロギーに積極的評価を与えている。

以上、三編の論稿について、簡単に紹介してきたが、全体を通して、ボーネ教授のまなざしは、司法と暴力を独占した上級君主を排することなく、都市の「自由と自治」を一定程度実現し、最終的にはオランダ共和国を成立させるにいたったネーデルラントの都市的(市民的)伝統のもつ底力に向けられているといえよう。教授の研究に一貫する姿勢は、中世後期から近世初期(十四〜十六世紀)にいたるネーデルラントにおける君主と都市の競合関係のなかで「近代市民性」(modernité civique)と彼が呼ぶところの中世都市と市民の有する多様な世界を読み解こうとするところにある。ともあれ、都市を「自由と自治」の牙城とするようなかつての狭い都市史の枠組みから解き放ち、地域(領邦)社会や君主との具体的関わりのなかで都市を位置づけ、そのイデオロギーを論じようとする方向性は、現在のヨーロッパ中世都市史全体の流れに棹さすものであろう。教授は、これまでにも多くの国際共同研究、シンポジウムを組織されて成果をあげられてきたが、今後日本の学界からもこうした研究方向への参画の実現によってヨーロッパ中世後期の都市へのまなざしが深められることを期待したい。

1 M. Boone, *Gent en de bourgondische hertogen, ca.1384–ca.1453. Een sociaal-politieke studie van een staatsvormingsproces*, Brussels, 1990; M. Boone, *Geld en macht. Gentse stadsfinanciën en de Bourgondische staatsformingsproces*, Gent, 1990.

2 『ヨーロッパ都市史研究シリーズ 一一〇〇～一八〇〇年』(Studies in European Urban History 1100–1800) および『中近世ネーデルラント都市の社会・経済・政治史研究シリーズ』(Studies in Urban Social, Economic and Political History of the Medieval and Early Modern Low Countries, Garant Publisher, Leuven/Apeldoorn).

3 J-L. Pinol (éd.), *Histoire de l'Europe Urbaine*, t. 1, Paris, 2000.

4 P. Clark (ed.), *The Oxford Handbook of Cities in World History*, Oxford, 2013.

CITY AND STATE IN THE MIDDLE AGES

——BURGUNDIAN NETHERLANDS——

BY MARC BOONE

中世後期ヨーロッパの都市

近代性の兆候と災禍

　歴史家たちは、長い間西ヨーロッパ史における都市の重要性を認識してきた。なぜなら、西欧において都市は、近代市場経済を生み出した商業革命の結び目であったからである。しかし、都市は、その都市性(urbanity)それ自体についてつねに関心をもたれてきたわけではなかった。都市性が意味するところは、何ゆえ人々は都市の市民として生きることを熱心に求めたのか、そしてどのような権利と特権が彼らの市民としての地位にともなったのかということである。[1] それらの一様でない探求の歴史は、我々の歴史記述の多くについてのイデオロギー的支えについて多くを語っている。この論文の主要な目的は、歴史家自身の生涯と歴史家という職業の歴史が、それぞれの時代に「都市性」をめぐる歴史について語られてきた（あるいは語られなかった）こととおおいにかかわってきたやり方を調査することである。

この歴史叙述は、多くの点でブルジョワ的価値観やブルジョワの優位性を反映するとともに、ヨーロッパの都市化の物語として、我々自身の時代を含む歴史のさまざまな時代のヨーロッパや世界の都市における多くの恐怖を書くことにもなるのである。しかし、同時に中世都市の歴史であれ、我々に物語を与えてくれる歴史叙述を退けるのは、賢いこととはいえないであろう。農村の価値や農村生活の楽しみについての我々の思い入れにもかかわらず、結局のところ今日の西欧人は、都市に住むことを選択し、その選択を五〇〇年以上前にヨーロッパの政治における強力な主体としての商業都市が形成されて以来何世紀にもわたっておこなってきたのである。ヨーロッパにおいて、数量化が可能な最初の都市化の波ののち、一五〇〇年までに、西ヨーロッパにおいては人口の一五%が都市で暮らしていた。この数値は、重要な地域的差異を覆い隠している。というのは、この時期に、ヨーロッパにおける二つのもっとも都市化された地域すなわち中・北部イタリアと南ネーデルラントでは、都市化の割合は三〇%に達していた。この比率は、都市化の割合を考察する際に考慮され、注意深く検討されるべきものである[2]。一八〇〇年までにヨーロッパの都市化は約二一％まで上昇していた。しかし、工業化とともに、都市化のペースは、急速に増加し、すでに一九一〇年までにヨーロッパ人の五〇％以上が都市居住者となっていたのである[3]。

私の主張は、中世後期の都市がたんに今日の西欧都市の初期の形態であるということではなく、またそれが今日の都市政策策定の直接のモデルとして役立つということを意味してはいない。中世の都市が当時の聖俗の諸権力者の間に喚起した不安や中世後期の都市に人々を惹きつけたさまざまな魅力などは、今日研究の対象となっている。このような反感と魅力の入り混じった歴史は、不可避的に我々を歴史記述そのものに回帰させるだろう。そうした歴史記述においては、都市は一方で、近代性のはらむ悪の温床として、また他方で、近代性が生み出す驚くべき革新と創造の坩堝《るつぼ》として交互に描き出されてきたのである。

歴史家の両面価値観

歴史そのものと同様、ヨーロッパの都市化に関する歴史家の記述は、明るさと暗さの入り混じった不安定なものとなってきた。すなわち、都市化に対する賞賛とともに、非難と懐疑の記述がなされたからである。このような改変は、我々の歴史叙述の伝統についてだけではなく、それらの伝統を生み出した歴史についても示されている。十九世紀後半の歴史家たちは、中世の都市化を近代性の苗床として肯定的なまなざしでとらえており、近代性を、活動的で創造的な市民(bourgeois)の力によって生み出された「民主制」の明確な形態を意味するものと理解していたのである。このような都市性の理解は、ヨーロッパにおける歴史記述の専門化すなわちいわゆる「科学的」歴史記述と密接に結びついていた。ここで、とくに興味深いことは、それが、当時西ヨーロッパという産業化と都市化の進んだ限られたヨーロッパの地域においてみられたことであり、それをピーター・クラークは、「町の歴史」として特徴づけている。そうした都市の記述においては、産業と商業の発展、共同体の文化生活と公的資本、市民的誇り、市民的アイデンティティが称揚されたのである。要するに、都市は近代性の標識であった。そこでは、近代性とは、ほとんど欠陥をもたない概念であった。[4]

この世代の指導的な歴史家の一人であり、実際、中世の都市性をめぐるもっとも偉大な歴史家の一人がベルギーのアンリ・ピレンヌ(一八六二〜一九三五)であったことは、驚くにはあたらない。十九世紀の産業都市ヴェルヴィエの成功した毛織物業者の息子であり、十九世紀の国民国家の枠組みのなかで進歩とリベラルな政治の固い信奉者であったピレンヌは、刷新された都市史と同時代の歴史家たちの声の代表者となった。[5] 十九世紀にようやく形づくられたベルギーの国民国家の歴史(ベルギーは、オランダからの分離をへて一八三〇年にようやく一つの国家となった)は、フランスやドイツのようなほかの「大きな」ヨーロッパの諸勢力の傍らでその存在を正当化しようとする試みであり、それはピレンヌのもっとも良く知られている著作(『ベルギー史』)となった。ピレンヌのもっていた個人的な「モダニズムの鍵となる革新への開明性」は、ペインソンとヴェルブルッヘンによれば彼を「モダニズムの使徒」としたのである。彼は『ベルギー史』において、国家の歴史を巧みに描き出し、ブルジョワジーの視点をもつ第一級の科学者としての彼の評価を確立したが、彼はまさに国家のもつ近代性というものを具現化したのであった。[6] 十九世紀の末にその同じ国家(ベルギー)は、実際もっとも工業化された国家の一つとなっており、それゆえにブルジョワと資本家の精神によって解き放たれた集合的活力に満ちた姿を示していたのである。ピレンヌにとって、そのような物語は、都市に帰属するものであり、ヨーロッパにおける都市性の歴史がこうした国家の隆盛を不可避的に導いたということは明白なことであった。ピレンヌの都市への傾倒は、彼の職業的生活の初期すなわち一八八三年の彼の博士論文とともに始まっていた。ムーズ川流域の中世都市ディナンの制度を記述しながら、彼は「最近の数十年間にドイツやフランスの諸都市についてなされてきたことを、ベルギーの一都市についておこなおうと試みた」と述べている。

社会経済史家としてまず知られていたものの、ヤン・ドーントが「都市制度の歴史家、アンリ・ピレンヌ」と題された一九六六年の論文において指摘していたように、ピレンヌはまた制度史家でもあった。[7] 実際、ピレンヌの著作を注意深く読めば、彼が新しい制度的経済学と結びついた多くの学者たちの先駆者として位置づけられることは明らかであり、時の試練に耐えてきた彼の最良の作品は、著名な『マホメットとシャルルマーニュ』よりもむしろそうした著作なのである。ピレンヌは、実証主義者と歴史主義者の学知という当時支配的であった学問の伝統の恩恵を受けていた。それらの学知は、史料の注意深い分析、「事実」の尊重、そして情報を引き出すために必要とされる技術の重要性を強調していた。歴史は、かくして「科学」として専門化されたが、それは、影響力のある『史学雑誌』の編集者であったガブリエル・モノが一八八三年にフランスの急進的共和主義者ガンベッタの葬儀の際に述べた「歴史は優れた科学である」という言葉によって宣言されたのであった。こうしたアプローチは、ピレンヌの一八九三〜九八年に同じ『史学雑誌』に掲載された都市制度史に関する初期の論文においても明確に見て取れる。都市史に関するこれらの研究は、一九一〇年に刊行された彼の著作『低地地方の古民主制』においてまとめられた。我々が今、これらの研究に立ち返れば、ピレンヌがどの程度当時のフランスとドイツの支配的な歴史学派の最良の要素を巧みに組み合わせ、架橋することができたかを知り、驚きを覚えるであろう。ピレンヌは、彼の学問的訓練の一部をパリとベルリン(そしてライプチヒ)の双方で受けており、ゲルマン的地域とラテン的地域が出会い、交わる「ヨーロッパの微妙な場」と彼が呼んだ地域の歴史を書いているということを強く意識していた。彼が国際的な名声を得たまさにその時期に勃発した第一次世界大戦の間の彼の経歴の第二の局面において、彼はいかにこの場所(ベルギー)が「微妙な」場であるかを見出したのである。不幸な未来が待っていたにもかかわらず、ピレンヌの学識は、ほかの誰もがなしえないほどにドイツとフランス双方の学問的伝統の最良の要素を組み合わせ、社会経済史、制度史、文化史の間の強固な仕切りに架橋することができた。この組合せは、ピレンヌに都市性のもたらす肯定的な効果についてのほとんど全体史的な見解をもたらしたのである。その都市性とは、ヨーロッパにおいてもっとも都市化された二つの地域、すなわち北部・中部イタリアと南ネーデルラントにおける都市の諸制度と商人および高度に熟練した職人たちのもつ創造的な力との融合を意味していた[8]。これらの歴史の中心には、共同体組織、同業組合、兄弟会などの研究があったが、それらの組織は、宗教的意識に基づく価値観と集合的意識を表出するものと考えられたのである。ピレンヌの解釈は、多分もっとも明確に彼の『低地地方における古民主制』において要約されているが、もっとも広範な読者を獲得したのは、彼が一九二三年にアメリカを歴訪したのち刊行した小著『中世都市――その起源と商業の復活』においてであった。[9]

パラダイムの崩壊

しかし、第一次世界大戦ののち、都市とそれが体現している近代性について楽観的見方を維持することは不可能であった。彼と同時代の多くの者たちと同様、ピレンヌにとってもはや知的に確かなものは存在しなかった。第一次世界大戦の間に破壊された中世の遺産（イープルの大毛織物会館、ルーヴェンの大学図書館、ランスの大聖堂）と同様、中世都市の輝かしい歴史は、崩壊したのである。歴史学それ自体もまやかしのものと思われた。一九一八年十一月十一日以後のピレンヌと同僚の歴史家たちの心象風景を記述したイタリアの歴史家キンツィオ・ヴィオランテによれば、それは「大いなる幻想の終焉《しゅうえん》」であった。[10] 西欧社会の基盤に関する懐疑、とりわけ「進歩」と近代性に関する懐疑がいまや生じていた。過去における社会の発展（進歩）をたどり、未来のための選択肢を用意するガイドとしての役割を果たすために歴史（学）の有する力量に対する疑いもまた生じたのである。都市史それ自身、もはや中心的営為ではなくなったように思われた。なぜなら、都市史は、進歩を遂げる近代性を探求するための実験室としてはもはや役に立たなくなったからである。とくにイギリスの歴史学について語りながら、クラークは、かつて都市性の探求において非常に深い影響を及ぼしてきたドイツの学問の伝統が、一九一八年以降不評となり、時流に適さないものとなったばかりではなく、イギリス文化のなかで都市に対する増大した傾向として彼が特徴づけたものによって都市史への嫌悪が強められたことを強調している[11]。一九一八年以後の数十年間は、したがって農村史に関する研究と出版の隆盛の時期となった。一九三〇年代における郷愁の波のなかで、研究者たちは、第一次世界大戦の塹壕《ざんごう》においてほとんど破壊された単純さと純粋さの場としての農村の文化を強調したのである。ベルギーやドイツの歴史学においてこうした傾向についての同様に詳細な研究はまだ見当たらないものの、こうした地域でも農村史が相当程度都市史に取って代わったことは疑いないところである。第一次世界大戦以降、都市史が隆盛となったのは、スカンディナヴィアのようないくつかの地域のみにおいてであった[12]。

ドイツにおいては、西欧文明の没落について、ヴァイマル共和国時期の知的絶望を語りながら二十世紀のドイツを人間の歴史の冬の時代に位置づけたオスヴァルド・シュペングラーの書物が、「非宗教的、非形而上的な都市のコスモポリタニズムの傾向」により特徴づけられていた。

救援の手は、フランスのアナール派により間接的にもたらされた[13]。アナール派は、歴史主義のバイブルであったシャルル・セイニョボスとシャルル＝ヴィクトール・ラングロワの『歴史科学入門』（一八六二年）のような書物が支配的であった十九世紀後半の時代がそうであったように、当初都市史に対する重要性を認めていなかった。アナール派の創設者であるマルク・ブロックとリュシアン・フェーヴルは、第一次世界大戦において前線で戦い、両者はいずれも農村史に精力的に取り組んだのである。とくにブロックはそうであった。

しかしながら、アナール派が社会の経済的・構造的要素を強調し始めると、しだいに都市現象——都市経済、社会関係に対する商業化の影響、都市空間の意味（その種の歴史についてピレンヌはすでに書いていたわけだが）——などへの新たな関心が生じた。その意味でピレンヌがもともとアナール派のトップにまつりあげられようとしていたのは偶然ではないであろう。しかし、アナール派が明確に都市への関心の移行すなわち「都市的転回」を遂げたのは、アナール派の第二世代であるフェルナン・ブローデルの指導のもとであった。それは、近世のボーヴェーとその周辺農村に関するピエール・グーヴェールの書物(一九六〇年)のような地域研究とともに始まった。この書物は、この種のアプローチの模範となったのである。そのときまで、フランスにおいて加速した急速な都市化と農村研究の知的疲弊が重なって、再び、都市に対する歴史的研究が重要な課題となった。ブローデル自身が、ピレンヌの仕事をよく知っており、彼から甚大な影響を受けたという事実は、第二世代のアナール派の都市への志向(都市的転回)を説明するのに有用であろう。彼の一九六七年の著作『物質文明・経済・資本主義』(三部作の第一冊目)において、ブローデルは都市の本質的機能について「市場なしには、都市は存在しないし、都市なしには地域市場あるいは広域市場もまた存在しない。……結局、同時に保護するとともに強制する権力なしには、都市は存在しない」[14]と述べている。ピレンヌなら容易にこの文章を書くことができたであろう。

この時期、同様の方向をめざす別の動きもあった。とりわけ都市社会学の分野のシカゴ学派においてそれは顕著であった。世界大戦ののち数年のうちにロバート・パーク(一八六四〜一九四四)と同僚たちによって指導されたシカゴ学派は、社会=空間的展望に基づいた都市研究のための分析モデルを提供し、階級や集団それ自体よりもむしろ諸個人と集団内部の相互作用に基づく行動に焦点を当てた社会行動の都市民俗学という分野を切り開いた。彼らの関心は、地方的な場から都市のネットワークへの突然の移行を経験した共同体の情緒的次元にあった。「都市とは心の状態であり、慣習と伝統の本体であり、またその伝統のなかに内在する組織された態度と感情の本体である」[15]。彼らのアプローチは、A・ブリッグスやH・J・ダイオスの仕事を通じてイギリスの歴史家たちのなかに組み込まれたが、その後数十年をへてその刻印は中世都市史を含む都市史に関するすべての研究に印されているのである。

ドイツ人——不在そして存在

かつて、西欧の歴史学の中心であり、十九世紀の都市史の主要な存在であったドイツ人は、しかしながら前記のような発展にはかかわることがなく、ランケ流の近代歴史学のほうへの攻撃により固まった伝統により孤立するとともに、のちにはナチズムとナチによる歴史学の利用によっても毒された。ピレンヌの伝統に基づくヨーロッパの歴史学は、いったんはフランスとドイツの伝統の鮮やかな結合であったが、いまや分離し、都市の歴史学もその結果困難に陥ったのである。

ドイツの学問的伝統の重要性は、十九世紀半ばまでさかのぼることができる。その根を都市世界にもつ法制的・政治的・経済的諸制度や本質的権威に焦点を当てながら、オットー・フォン・ギールケ（一八四一〜一九二一）、グスタフ・フォン・シュモラー（一八三六〜一九一七）、カール・ランプレヒト（一八五六〜一九一五）のような歴史家たち、フェルディナンド・テンニエス（一八五五〜一九三六）のような社会学者たちによる仕事とともにドイツの学問的伝統は、第一次世界大戦前後の時期にその頂点に達していた。[16] ランプレヒトは、とりわけ個人的に深くピレンヌに影響を及ぼしたが、彼らの関係は、第一次世界大戦の間にランプレヒトが一九一四年のドイツによるベルギーへの侵攻に対する弁明（「文化世界への誘い」）を支持したときに劇的な終りを迎えた。[17] ランプレヒトは、ベルギーが新たなドイツ帝国の一部になるのはベルギーの運命だったとベルギーの友人たちを説得するために一九一五年にブリュッセルまでやってきさえした。しかし、彼のブリュッセル訪問は無駄であった。ランプレヒトは個人的にピレンヌに会うことさえできず、ピレンヌの直接の教え子で、当時ブリュッセル自由大学の教授で、ブリュッセル市の文書館員であったギヨーム・デ・マーレの研究室以上にピレンヌに近づくことはできなかった。ドイツの学問的伝統との断絶は、ピレンヌにとって知的分岐の問題であったが、同時に彼やブロックのような第一次世界大戦の結果に深く苦しんだ人々にとって深い傷となる出来事であり、個人史に絡んだ出来事であったのである。[18]

しかしながら、ドイツ側でもいくつかの異なった歴史学の声が生じていた。マックス・ウェーバー（一八六四〜一九二〇）とゲオルグ・ジンメル（一八五八〜一九一八）の「文化科学」(Kulturwissenschaft)は、ランプレヒトの「文化史」(Kulturgeschichte)とは、根本的に異なるものであった。ランプレヒトの文化史は、実証主義であり、ついには国家主義へといたるものであった。彼の国家主義的傾向は、彼が一九一四年十月四日に「文化世界への誘い」の宣言に署名した九三名の人物の一人として行動したとき、明確になっていたのである。

ウェーバーはおそらくドイツの学問的伝統においてもっとも影響力のあった代表的人物であった。両世界大戦後の危機ののちに支配的となったのは、彼の中世都市史論であった。ピレンヌと同様に、ウェーバーは、中世盛期から後期において生まれた西欧の都市は、その市場経済的機能だけではなく、固有の法を定め、執行するという団体的機能によって特徴づけられると論じた。実際、彼が「没支配的カリスマ」という言葉で理解しようとした中世のコンユーラーティオは、基本的に相互契約と共感に基づく共同体なのであった。この点でウェーバーは、ギールケの「自由なアイヌンク」(Freie Einung)の概念に多くを負っている。しかし彼は、自分の実証例を、いわゆる市民統治の時代といわれる十三世紀末に形成された、典型的なイタリアの都市共同体（コムーネ）に求めたのである。[19] 彼の死後出版された未完の書である『都市』は、『社会経済学および社会政治学』という雑誌に掲載された「都市――社会学的分析」という論文がもとになっているが、それは極めて明瞭な議論を展開している。すなわち、西欧の都市は、自衛組織であり、市場であり、独立した法と正義の形成者であり、自己統治権の保有者である、ということである。[20] ウェーバーの都市に関する考えは、しかしながら必ずしも十分に理解されてきたわけではなく、彼の議論は、ときに現代の学術書において誤って伝えられていることもある。[21]

ファシズムの時代はいうまでもなく、第一次世界大戦の直後とヴァイマル時代において、歴史研究は操作され、イデオロギー的戦略に服することになった。このことは、古くからの歴史主義とランケ流の実証主義ばかりではなく、より一般的に「科学的」歴史記述やウェーバー的な歴史社会学を侵害したのである。[22] そこにステファン・ゲオルゲや彼の追随者たちによって広められたアプローチがあらわれた。彼らは、歴史が「民族共同体」（Volksgemeinschaft）のための良き案内とみなされるとし、歴史家の仕事は現在と将来のために役立つ過去からの教訓を提供することであると主張したニーチェにさかのぼる偉大な哲学的伝統を矮小化した議論をもたらしたのである。ゲオルゲが過去のドイツ帝国の栄光を思い出させる「隠された永遠のドイツ」を復活させるために尽力し、ヴァイマル共和国を掘り崩すことに貢献したかもしれない一方で、ヒトラーによる新たなナショナリスト的運動に対するゲオルゲの精神的支持は、彼がヒトラーの陣営にくみしたということを意味したわけではなかった。一つの理由として、ゲオルゲは決してナチスの文化組織のメンバーとはならなかったということがある。彼は一九三三年に亡くなったので、同じ年に権力を握った新しい政権(ナチ党)の現実を目撃することがなかった。一九三三年のナチ党による政権獲得に続く年代においてドイツが経験した文化的状況のなかで、歴史および都市史は、ランケ的、あるいはウェーバー的意味において真実を追求するものではなかった。歴史は「生活」の僕《しもべ》とならねばならなかったのである。したがって、ウェーバーはランケ的実証主義と歴史主義からは距離をおいていたにもかかわらず、より包括的で文化的なアプローチをめざした彼の試みは、政治的野心と支配的なイデオロギーの枠組みから生まれたこの強力な批判の前に屈した。その批判は、容易にランケ流の歴史主義とそれが約束する「客観性」と同様ウェーバー的抽象化を打ち負かしたのである。[23]

ヴァイマル共和国とナチス・ドイツの双方において、歴史学における反都市主義は、実際、あらゆる都市的なものに対する敵意を包含していた反近代と同義であった。その結果は、地域史(Landesgeschichte)、農業史、領域史への明らかな転換であった。それは、ヨーロッパにおける領土問題に際して自国の主張の証明に貢献するものであった。歴史家たちはナチ党の「夜と霧」(Nacht und Nebel)のなかで姿を消した。すでに一九二〇年代後半までに、ライン川は「運命の流れ」(Shicksalsstrom)となっていた。その左岸のフランスでは、個人、集団、およびそれらの心的・社会的構造に関心を寄せたアナール派の研究者たちの「新しい歴史」(Nouvelle Histoire)があり、他方、右岸のドイツ側では、歴史研究の支配的な流れは、「国民」(Volk)および人種と血で結びつけられた「共同体」(Gemeinschaft)のような概念とつながっていた。その反動として、第二次世界大戦とナチス時代ののちには、ランケ流の客観性の理想に立ち返ろうとする動きと、歴史学が同時代の社会と政治に直接かかわることに対する明確な拒否の姿勢が生じたようにみえる。ランケの時代におけるように、歴史家たちは、事実の列挙(あるいは発見)としての国家と政治の歴史研究に戻ったのである。マルク・ブロックやアナール派の研究者たちと結びついた類の歴史は、ほとんど顧みられなかった。ブロックが、ナチスによって殺害されたことが、確かにこのこととかかわっていた。しかし、これまでみてきたように、都市史は、アナール派によってもドイツ人と同様に重要なテーマとなるには長い時間を要したのである。とはいえ、ドイツ人は、明らかに彼らがフランスの同僚たちから何を学びうるかを問うことができたであろう。[24]

都市史は、かくしてドイツにおいては明るい未来をもつことができなかったようにみえる一方、フランスにおいてのみ、アナール派のブローデル世代のもとで「都市性」への新たな関心が生じたように思われる。しかし、都市史とりわけ中世都市史が新たな生命を獲得したのは、フランスではなく西ドイツにおいてであった。すなわち都市史は、直接的であれ間接的であれ、ウェーバーやその他の偉大なドイツの伝統とくに法制史の伝統にさかのぼるのである。法制史というこの特別な領域で、ハンス・プラーニッツ（一八八二〜一九五四）の著書『中世ドイツ都市』（*Die deutsche Stadt im Mittelalter*, 一九五三年）に言及する必要があろう。プラーニッツは、ドイツにおいても他国においても、都市の制度の性格や起源に関する研究テーマを支配してきた法制史家の伝統に属していた。しかし、都市史に関するドイツにおける一般的な動向は、ボン大学教授のエディット・エンネン（一九〇七〜九九）によって代表される。地域史（Landesgeschichte）の学問的伝統のなかで訓練を受け、フランツ・シュタインバッハ（一八九五〜一九六四）の弟子であったエンネンは、『ヨーロッパ諸都市の初期史』（*Frühgeschichte der Europäischen Stadt*, 一九五三年）によって国際的な名声を獲得した。

ウェーバーの思想は、しだいに「都市史」(Städtegeschichte)と呼ばれるものとなった領域において新たな生命を得るようになった。とはいえ、ヘルマン・アウビン(一八八五〜一九六九)の弟子であったハインツ・シュトープ(一九一九〜九七)によって一九六九年に設立されたミュンスター大学の比較都市史研究所(Institut für vergleichende Städtegeschichte)においてさえ、当初のアプローチは、新ランケ流歴史学であったのである。[25] 事実の収集、客観性そして中立性を強調するランケの伝統を維持しながら、比較都市史研究所は、都市地図の作成をおこなった。ほとんどの都市が中世という過去の痕跡だけを残していたドイツという国において、それなりに有用な仕事ではあったものの、この事業には過去を解釈する力が欠けていた。一九五三年のエンネンの著書は、四一年に初版が刊行された彼女の『我々の時代の研究課題としてのヨーロッパ中世都市』を受け継いだものである。この一九四一年の書物はその後何度も再版されることになったが、エンネンはこの著書において、戦前の「地域史」(Landesgeschichte)から離れていたのである。「地域史」は、一九四五年まで同時代のための道具とみなされ、フランツ・ペトリ(一九〇三〜九三)の「西方研究」(Westforschung)計画のもとで、ナチス政権に奉仕させられてきたのであった。アウビンとシュタインバッハ(エンネンとシュトープはいずれも彼らの弟子であった)両人と同様、ペトリは、戦争世代に属しており、第一次世界大戦では前線にいた。彼らのような修正主義者の見解は、ピレンヌと彼らのグループに敵対的なものとなったのである。ベルギーの占領中、ナチス政府は、ベルギーの大学にこのペトリの「西方研究」計画を導入させようとした[26]。長い間「西方研究」の嫌われ者だったピレンヌが生きていたなら嘆いたであろう[27]。この「西方研究」計画は、ライン川西岸の境界地域の研究に向けられたもので、第一次世界大戦の終りに、ドイツに科されたヴェルサイユ平和条約の修正を正当化する歴史的・地理的理由を提供することを意図したプロジェクトであった[28]。

もちろん、ドイツの歴史家たちがすべてナチスのイデオロギーの粗野な部分を受け入れたわけではなかった。彼らのうち、とりわけより古い世代の代表者たちは、本質的に歴史が政党政治には結びつかないという意味で、非政治的なものとみなしつづけていた。しかし、歴史家の職業的組合組織は、ナチ化への圧力に屈したのである。

高度に政治化された学問的伝統のなかで刊行されたとはいえ、エンネンの書物は、中世都市を個人の権利を集合的価値と結びつける政治団体としてみなす新たな仕事の方向を刺激した。この種の都市は、社会的空間の共有をもたらすことにより文化的相互作用を生み出し、芸術的、社会・政治的実験をつくりだしたり、保護したとみなされたのである。都市の住民は、実際、「自由であることを強いられた」のであり、彼らの「自由」が共同体によって伝えられ、共同体の闘争によってかちとられたものであることを理解することになった。このような認識は、第二次世界大戦後にかつてのドイツ民主共和国(東ドイツ)において再生した別の大いなる伝統(共産主義)においてもっとも顕著にあらわれたのである。以前のドイツ民主共和国において都市史に関する確かな見解の継続のために貢献した人物(彼は共産党員にはならなかった)が、直接アンリ・ピレンヌと結びついたことは、おそらくそれほど驚くべきことではないだろう。ハインリヒ・シュプローエンベルク(一八八九～一九六六)というこの人物は、偉大なドイツの学問的伝統のなかでもとりわけシュモラーによって生み出され、ベルリンのブルジョワジーのリベラルな伝統に属していた。[29] 彼は、知的に成熟したとき、彼の学問的キャリアの機会が妨げられるだろうということに気づいた。なぜならヴィルヘルム時代およびその後のヴァイマル共和国とナチスの時代におけるドイツの軍国的・政治的論理に対して彼がとっていた批判的立場のゆえに、そしてまた知的嫉妬と人種的偏見という理由によってである。なぜなら彼は、ユダヤ人の血を部分的に引いていたからである。シュプローエンベルクは彼の最後の著作の一つにおいて、このためらいをともなった自身の職業的出発の時期を回想している。それは、自伝的素描であり、そのなかで彼は、アンリ・ピレンヌとの知的関係を中心において語っている。彼は、実際、ベルギーとフランドルの歴史にかかわる主題について数多く書いており、それによって第一次世界大戦が始まる数カ月前にはじめてピレンヌとの知的関係を取り結ぶことができたのである。両者は、主として手紙の交換によってピレンヌの一九三五年の死の直前まで関係を維持していた。シュプローエンベルクは、ナチス統治の最後まで、そしてドイツ民主共和国の確立期まで、歴史研究のおかれた周縁的地位に対して批判しつづけ、ピレンヌ、マルク・ブロック、そして当時のフランスのアナール派の歴史家たちとの絆を維持したのである。彼自身の歴史学者としての仕事は、第一に、宗教的に鼓舞された社会運動の研究であり、第二に、ドイツ・ハンザの商業組織の研究であった。いずれのテーマも都市史と直接結びつくものであったが、もちろん後者は、よりはっきりとしたかたちで都市史と結びついていた。ピレンヌとウェーバー、および社会的近代主義のうちに明らかな都市史と東ドイツの歴史学の結びつきは、いくつかの著作によって進められた。それらのすべてに、シュプローエンベルクないし彼の弟子たちの学問的活動が刺激を与えていたのである。この影響は、エリカ・エンゲルマンのコミューン運動研究(一九五九年)やエヴァマリア・エンゲルの『中世のドイツ都市』(一九九三年)といった著作において明白に見て取れるだろう。一九八九年のベルリンの壁崩壊後の東西ドイツの再統一ののちでさえ、エンゲルは、中世のコミューン運動に関するマルクスの解釈（それはフランスの歴史家オーギュスタン・ティエリ〈一七九五～一八五六〉によってすでになされていた分析に基づくものであった）に言及しながらマルクス主義的観念を認めていた。それゆえ、東西ドイツ双方の歴史学において多くの障壁を克服すべく架橋がなされた。その一つが、マルクス主義者と自由主義の歴史学の間の概念的差異であり、また一つがマックス・ウェーバーと彼の先駆者であるギールケ、シュモラーらの偉大な知的伝統と現実の歴史研究を乖離《かいり》させた一時的なギャップの克服である。[30]

ドイツの中世研究に関する最近の概観のなかで、オットー・ゲルハルト・エクスレは、ドイツの歴史家たちが、中世社会は封建社会であると同じくらい「共同体的な」(communal)社会であったという点で近年合意していると結論している。彼のあげる主要な事例は、ゲルハルト・ディルヒャー（彼はマックス・ウェーバーについても精力的に論じてきた）やエーベルハルト・イゼンマンの研究から援用されている。[31] 彼らは、都市社会における兄弟関係的な組織すなわち平和の維持と推進、行動の規制などにみられる職人などの都市民の組織、宗教的組織、経済的組織の重要性を強調してきた。[32] ペーター・ブリックレはウェーバーと十九世紀後半のランプレヒトの伝統によって喚起され、近代国家の出現に関するヨーロッパ科学財団の研究計画のなかで「共同主義」(Kommunalismus)という概念を何年にもわたって論じてきた。それは、彼の鍵となる概念で、封建制(feudality)、議会主義(parliamentarianism)などのほかの概念と同様、中世社会の倫理をとらえている概念である。[33]もちろんブリックレは、彼が民衆運動を語るとき、都市の運動に言及するだけではなく、民衆運動の概念の発展において都市が果たした根本的な役割にも触れている。このことがヨーロッパのすべての中世都市に適用されるわけではないということを理解するのも重要であろう。なぜなら、それらの都市すべてがこの基準に対応していたわけではなかったからである。ピレンヌとウェーバーは、二人とも南ネーデルラントと中部・北部イタリアの都市を彼らの事例として取り上げ、そのモデルをこれらの地域の境界の外側の都市に拡大する傾向があった。両地域は、都市史家と地理学者が「青いバナナ」すなわち都市ベルト地帯としてヨーロッパをバナナの形にカバーする場として呼び習わしてきた地域の二極をなしており、それは南東イングランド、ネーデルラント、ライン地方、西スイスから北イタリアへと帯状に広がる地域空間である。この両極にある都市は、すべての中世都市の代表とはいえないが、それらの都市は、他地域の都市が見習おうとした文化的成果を生み出す芸術活動と経済的活力の中心であったのである。[34]

いわゆる「青いバナナ」地帯における十二〜十三世紀の都市共同体運動に関するクヌート・シュルツの総括的議論は、まさしくこの点をついており、現在の都市に我々を近づけてくれている。彼のこれまであまりにも無視されてきた著作（『彼らは自由をかくも愛する』という書名は、ふさわしい読者を引きつけるには向かないものである）が、一九九二年に刊行された。[35] その一年前にライプチヒ大学は、「カール・ランプレヒト協会」（Karl Lamprecht Gesellshaft）を設立した。それは、近年に統合されたドイツという国家における重要な動きであり、おそらくはほとんど一世紀にわたって放置されてきた歴史学的伝統への回帰の印といえよう。[36]

歴史的文脈における新しい歴史学

我々は、二十一世紀の一〇年代に入っており、これまでみてきたような一九九〇年代までの都市史の発展を評価するのに十分な時間的距離を得ているといえよう。こうした現在のパースペクティヴからみると、ここで論じてきた歴史学は、研究者たちを都市における個人の権利と政治的組織の間の関係や、地域と国家の関係をめぐる新たな問いかけへと導いたといえよう。現代の政治的発展は、間違いなくそうした関心（第二次世界大戦以来のヨーロッパ史を支配してきた東〔ヨーロッパ〕と西側の分裂の崩壊と「冷戦」の終りなど）を高めるのに貢献してきた。それとともに、ヨーロッパ連合の拡大と制度的発展をめぐる議論もまた高まったのである。これらの変化は、グローバル化、情報化社会の出現、そしてその結果としていっそう急速に進行した人々、モノ、思想、疫病などの移動を含むより大きなレベルのプロセスのヨーロッパ的変容とみなせるかもしれない。こうした問題は、国際連合の政策立案者たちが、今日の世界規模での都市化にともなうさまざまな危険を警告したとき、案じていたものであった。歴史家にとって、それに関連する問いは、以下のようなものである。我々は、今日参照枠として十九世紀の国民国家(nation-state)を維持する用意ができているのか、あるいは共同体、個人の権利と義務そして政治的秩序を構成する国民国家とは異なったレベルの国家概念をもっと真剣に取り上げるべきであろうか。

本論で議論してきた最近の中世都市史に関する業績は、この問題に示唆を与えうるだろう。シュルツが十二世紀のさまざまな民衆運動について概観した著作の序において述べているように、ヨーロッパの中世社会が実際に「民主的」であったかという古くからの議論は的外れである。むしろ、中世社会についての我々の研究は四つの論点によっておこなわれるべきであろう。すなわち、政治活動と公の討論の空間的組織化、規則はいかに正統化されたか、どのような義務と権利が〔中世都市の〕「自治」にともなったのか、そして個人の権利と自由という問題である。第一の論点である「公」と「空間」の問題はユルゲン・ハーバーマスのいわゆる「公共性」(Öffentlichkeit)という概念を思い起こさせる。この概念は、分野や時代を超えてさまざまな影響を与えてきている。[37] ハーバーマスは、もちろんヨーロッパ中世とは別の時代について語っており、中世都市研究において意図されているのと同じ方法での「空間」を想定していたわけではなかった。[38] その後の研究は、彼の想定したような政治空間が卓越していた場の一つとして中世都市を見出したのである。[39] しかし、中世社会史に関する別の近年の概観で、イングランドに焦点を当てたものは、同様の議論をおこなっている。自己形成の文化的プロセスを通じてルネサンスの間に生み出されたと伝統的に考えられてきた意味での「個人」(individual)を中世という時代が認識していたかどうかという問題を議論するなかで、ミリー・ルービンは、中世後期の社会(そしてとくにここでは「都市」社会と強調しておきたい)において、成長する個人主義が公的な組織的試みと結びついたと論じている。[40] 同様に、リチャード・ブリットネルは、大陸ヨーロッパと比べて相対的には慎ましいイングランドの都市社会(ロンドンはもちろん例外である)の経済生活に関する議論において、商業志向の心性が集団的意識を生み出したかあるいは少なくともそれと結びついたこと、その理由は商業にかかわる決断が、たとえ個人が個別に報酬を得るとしても、全体としてはグループによって担われなければならないからであることを強調している。[41] 中世後期のネーデルラントにおける世俗文学に関するヘルマン・プレイの研究は、同様の議論を提示している。すなわち個人の権利と自由は、集団的行動によって達成されたかあるいは達成されたと理解されたということである。[42]

このようにして、中世都市史と中世文化史の研究者は、個人と集団をめぐる関係性をより認識し始めているといえるかもしれない。さまざまなやり方で、中世の都市共同体(commune)は、共同生活の実験室であり、個人と集団の諸要求を和解させる努力をおこなう場であった。シュルツは、以下の点においても正しい。すなわちこれらの都市が「民主的」であったか否かという問題は、フランス人が「偽の問題」(faux problème)と呼ぶものであり、あまりにも素朴な歴史のホイッグ史観の表明だということである。なぜなら、ヨーロッパのほとんどの地域において、集権化された国家は、都市の自立という夢をまさに夢としたにすぎないからであり、イタリアにおける場合のように、少数のエリート家系集団によって支配された都市国家へと発展した都市共同体(コムーネ)のほとんどが実際には単一の家系による君主的権威のもとで「シニョーリア」制へと移行したのである。イタリアの事例は、実際中世の理想の回復に関するロバート・パットナムの『民主制の創出』におけるかなり楽観的な見解が偽りであることを示している[43]。にもかかわらず、中世の都市共同体は一連の社会的・法的構成体となることに成功し、ついには個人的利害と公益〔公共善〕(bonum commune)の間の均衡の模索において根本的な影響を及ぼしたのである[44]。

アーロン・グレーヴィチは、ヨーロッパ中世文化に関する古典的な著書において中世の都市性の有する根本的なエネルギーが重要であったことを強調している。それは「市民」という類型すなわち自由で自立的な都市共同体の構成員である。ビザンツとイスラーム双方の世界の都市は文化的レベルにおいて高度に発達していたにもかかわらず、いずれの世界もヨーロッパの「特殊な道」(Sonderweg)を説明するようなさらなる社会的・経済的発展の基礎となる社会類型を発展させることができなかったのである[45]。しかしながら、さらなる発展のために一連の法と規範テクストが必要であったとしても、それ以上にヨーロッパの国土において最初の真の共和国の出現〔「ある者にとっては恐れるべきもの、またほかの者にとっては羨望の対象、そしてあらゆる隣人たちにとっての驚異」というサー・ウィリアム・テンプルの一六七三年の有名な言葉のように〕すなわちオランダ共和国の出現は、過去何世紀にもわたる南ネーデルラントから生じた中世の共同体(medieval communes)における都市のイデオロギーと政治的実践の蓄積に言及することなしには説明されないであろう[46]。

私が本論で示そうと試みたように、中世都市の歴史は、都市史家のイデオロギー的な好みによって一貫して影響を受けてきたが、にもかかわらずピレンヌ、ウェーバーやほかの多くの前世代の歴史家たちによって問題とされたさまざまな論争に立ち返ることは意味のあることであろう。都市史と都市研究は実際多くの点で人気がある。都市に焦点をおいた多くの新雑誌の刊行と研究プログラムの企画、個別に開催される国際会議の成功は、その活気の証左であろう。「都市的なもの」へ向けて歴史を再構成していくことは、歴史研究が近年向かっているように思われる閉塞状況や息苦しい専門化から抜け出る可能性のある道を提供する。都市史の研究者たちは、中世都市が十九世紀の歴史学によって賞讃されたような「民主的近代性」(democratic modernity)の誕生の場ではないとしても、個人と集団の間の独特の連携(パートナーシップ)を生み出した社会組織の実験室であったことを理解し始めている。現在(の社会)について考えるとき、中世都市を誕生させたもの、それを機能させ、そしてそれを終わらせたのは何であったかを考察するのが賢明であろう。

有名な『歴史のための弁明あるいは歴史家の仕事(一九四一〜四二)』のなかで、マルク・ブロックは一九二八年にピレンヌとともにオスロで開催された国際歴史学会議のあと、ストックホルムを訪問したおりのことを回想している。二人はストックホルムに到着した直後、ピレンヌが「我々はまず何を見物しようか？　真新しい市庁舎があるようだね。まずそれから見ることにしようか」とブロックにたずねた。そしてブロックの問いかけをさえぎってピレンヌはこう続けたとブロックは付け加えている。「もし私が古物の愛好家なら古いものしか興味をもたないだろう。だが、私は歴史家だ。だから私は（現在の）あらゆる生活を愛するのだ」と。[47] この言葉は、おそらく今日の歴史家にとって、都市の過去について思いめぐらすとき一つの教訓である。

1　ヨーロッパの都市に関する文献は膨大である。近年の二つの概観を参照。J-L. Pinol (ed.), *Histoire de l'Europe Urbaine*, 2 vols., Paris, 2003 および P. Clark, *European Citeis and Towns, 400–2000*, Oxford, 2009 に短い文献概観と文献目録が載せられている。本誌（*Urban History*）に加えて、しばしば国別に編集されている専門雑誌を参照。*Histoire urbaine*（フランス）、*Stadsgeschiedenis*（ベルギーとオランダ）、*Citta e Storia*（イタリア）などである。

2　ジョルジョ・キットリーニによる註釈を参照。G. Chittolini, "Urban population, urban territories, small towns: some problems of the history of urbanization in northern and central Italy (thirteenth-sixteenth centuries)", in: P. C. M. Hoppenbrouwers, A. Janse, and R. Stein (eds.), *Power and Persuasion. Essays on the Art of State Building in Honour of W. P. Blockmans*, Turnhout, 2010, p. 233–237.

3 Clark, *European Cities*, p. 128, 229. 都市化についての数量的データは、古典的著作であるJ. De Vries, *European Urbanization 1500–1800*, London, 1984 によるものである。

4 P. Clark, “The city”, in: P. Burke (ed.), *History and Historians in the Twentieth Century*, Oxford, 2002, p. 38. 近代性の概念については、A・ギデンスによる多義的な定義を参照。A. Giddens, *Conversations with Anthony Giddens: Making Sense of Modernity*, Stanford, 1998, p. 94. 近代性(modernity)とは、近代社会あるいは工業文明の省略的述語である。より詳細には、「近代性」とは、(1)世界に対する一定の態度、人間の介在による変容に対して開かれた世界観、(2)経済諸制度の複合とくに工業生産と市場経済の複合、(3)国民国家や大衆民主主義を含む一定のレベルの政治的諸制度などと結びついている。おおむねこれらの特徴の結果として、近代性は、以前のいかなる種類の社会秩序よりもダイナミックなものである。それは、先行するいかなる文化とも異なり、過去よりもむしろ未来に生きる社会であり、よりテクニカルには諸制度の複合したものなのである。

5 ピレンヌの古典的評伝としては、もちろん B. Lyon, *Henri Pirenne. A Bibliographical and Intellectual Study*, Ghent, 1974 がある。邦語では、佐々木克己『歴史家アンリ・ピレンヌの生涯』創文社、一九八一年を参照。ウェブサイトでは、http://digitheque.ulb.ac.be/fr/digitheque-henri-pirenne/biograohie/la-vie/index.html. また、S. Keymeulen and J. Tollebeek, *Henri Pirenne, Historian: A Life in Pictures*, Leuven, 2011 を見よ。

6 L. Pyenson and C. Verbruggen, “Elements of the modernist creed in Henri Pirenne and George Sarton”, *History of Science*, 49 (2011), p. 377–394.

7 J. Dhondt, “Henri Pirenne, historien des institutions urbaines”, *Annali della fondazione italiana per la*

storia amministrativa, 3 (1966), p. 81–129.（ドーントの論文集である Hommes de pouvoirs. Les principales études de Jan Dhondt sur l'histoire du 19e et 20e siècles, Ghent, 1976, p. 63–119）.

8 ピレンヌによって導入された比較史の試みは、歴史的な問いかけと研究を刺激しつづけている。比較史的問いに関する最近の評価については、E. Crouzet-Pavan and E. Lecuppre-Desjardin (eds.), *Villes de Flandre et d'Italie (XIIIe–XVIe siècle). Les enseignements d'une comparaison*, Turnhout, 2008.

9 最初の英語版は、一九二五年にプリンストン大学出版局から刊行された。これはアメリカの大学で、依然として広く読まれている。邦訳は、H・ピレンヌ（佐々木克己訳）『中世都市――社会経済史的試論』創文社、一九七〇年。

10 この感情は、以下の書においてはっきりと意識されている。C. Violante, *La fine della 'grande iusione'. Uno storico europeo tra Guerra e dopoguerra, Henri Pirenne (1914–1923). Per una rilettura della 'Histoire de l'Europe'*, Bologna, 1997.

11 Clark, "The city", p. 40–41.

12 ベルギーに関しては、C. Billen and M. Boone, "L'histoire urbaine en Belgique", *Città e Storia*, 5 (2010), p. 3–22.

13 一九二九年に創刊された雑誌（*Annales*）にちなんで名づけられた。二人の著名な創刊者であるマルク・ブロックとリュシアン・フェーヴルは、ピレンヌに初代の会長就任を依頼したが、果たせなかった。

14 F. Braudel, *Civilisation matérielle, économie et capitalisme, XVe–XVIIIe siècle*. Vol. 1: *les structures du quotidien: le possible et l'impossible*, 2nd ed., Paris, 1979, p. 423.

15 R. Park (with R. McKenzie and E. Burgess), *The City: Suggestions for the Study of Human Nature in the*

Urban Environment, Chicago, 1925. シカゴ学派については、K. Plummer (ed.), *The Chicago School: Critical Assessments*, 4 vols. , London, 1997.

16 ギールケとシュモラーに関しては、Rüdiger vom Bruch の記述(in: R. vom Bruch and R. A. Müller (eds.), *Historikerlexikon von der Antike bis zur Gegenwart*, 2nd ed., Munich, 2002, p. 108–109, 279–280)を参照。テンニエスについては、テンニエス協会のウェブサイトを見よ。www.ftg-kiel.de/; 彼の全著作は、Walter De Gruyter 社(Berlin/New York)で一九九八年から編纂されている。

17 ランプレヒトとピレンヌの関係については、リオンのピレンヌ伝のほかに、以下の刊行資料を参照。B. Lyon, "The letters of Henri Pirenne to Karl Lambrecht", *Bulletin de la Commission Royale d'Histoire*, 132 (1966), p. 161–231. この資料を補完するものとして H. van Werveke, "Karl Lamprecht et Henri Pirenne", *Bulletin de la Commission Royale d'Histoire*, 138 (1972), p. 39–60. および M. Boone, "Huizinga et Henri Pirenne ou 'plusieurs vérités pour la même chose'", in: P. Moreno and G. Palumbo (eds,), *Autour du* XVe *siècle. Journées d'étude en l'honneur d'Alberto Varvaro. Communications présentées au Symposium de cloture de la chaire Francqui au titre étranger* (Liège, 10–11 mai, 2004), Geneva, 2008, p. 36–37.

18 ブロックは、第一次世界大戦全般においてフランス軍の将兵として別の戦線で活動していた。ピレンヌは、彼の息子の一人をこの戦争で失い、彼自身はドイツによるベルギーの占領地域において課されたドイツの文化的・教育的強制政策に抵抗したため、収容所に入れられた。

19 都市史をめぐる歴史学およびウェーバーの位置づけについて近年の再検討は、F. G. Hirschmann, *Die Stadt im Mittelalter*, Munich, 2009, p. 62–63 を参照。いわゆる「市民統治」のイタリア・コムーネについては、J.-Cl. Maire Vigueur, *Cavaliers et citoyens. Guerre, conflits et société dans l'Italie communale* XIIe–

XIIIe siècles, Paris, 2003 および、J.-Cl. Maine Vigueur and E. Faini, *Il sistema politica dei comuni italiani (secoli XII–XIV)*, Milan/Turin, 2010 を参照。

20 Kl. Schriner, “Die mietteralterliche Stadt in Webers Analyse und die Deutung des Okzidentlen Rationalismus. Typus, Legitimät, Kulturbedeutung”, in: J. Kocka (ed.), *Max Weber, der Historiker*, Göttingen, 1986, p. 119–150; G. Dilcher, “Max Webers Stadt und die historische Stadtforschung der Mediëvistik”, *Historische Zeitschrift*, 267 (1998), p. 91–125; ウェーバーと彼の理論についてより近年の論稿として、B. Scheller, “Das herrschafts- fremde Charisma der Conjuratio und seine Veralltäglichungen. Idealtypische Entwicklungspfade der mittelalterlichen Stadverfassung in Max Webers ‘Stadt’”, *Historische Zeitschrift*, 281 (2005), p. 307–336. ウェーバーのテクストについては、彼の『経済と社会』(*Wirtschaft und Gesellschaft*)の関連箇所を参照。もっとも簡便には、彼の『都市』(*The City*, Glencoe, IL, 1958)を見よ。

21 ディルヒャーによって説得的に述べられているように、『中世百科事典』(*Lexikon des Mittelalters*)では、(ウェーバーの理論について)ある意味で混同と矛盾がみられる。G. Dilcher, “Einheit und Vielheit in Geschichte und Begriff der Europäischen Stadt”, in: P. Johanek and F.-J. Post (eds.), *Vielerlei Städte. Der Stadtbegriff*, Cologne/Weimar/Vienna, 2004, p. 20–21.

22 P. Moraw and R. Schieffer (eds.), *Die deutschsprachige Mediävistiek im 20. Jahrhundert, Ostfildern, 2005*; O. G. Oexle, *L’historisme en début. De Nietscher à Kantorowicz*, Paris, 2001; O. G. Oexle, “Das Mittelalter und das Unbehagen an der Moderne. Mittelalter-Beschwörungen in der Weimarer Republik und danach”, in: S. Burghartz et al. (eds.), *Spannungen und Widersprüche. Gedenkschrift für František Graus*, Sigmaringen, 1992, p. 125–153.

23 エクスレによる根本的な議論を参照。O. G. Oexle, Staat-Kultur-Volk. Deutsche Mittelalterhistorike auf der Suche nach der historischen Wirklichkeit, 1918–1945, in: P. Moraw & R. Schieffer (eds.), *Die deutschsprachige Mediävistik im 20. Jahrhundert*, Ostfildern, 2005, p. 73, 75. そこで、彼はフリードリヒ二世に関するカントロヴィッチの影響力のある著作をそうした考え方の発展の例として取り上げている。

24 この問題は、一九二二年にヘント(ガン)大学の学長としておこなわれた公開講演の一つ(「ドイツについて我々が忘れなければならないこと」)でアンリ・ピレンヌによってなされたドイツの歴史学と科学一般への熾烈《しれつ》な攻撃を回想しながら、エクスレによって挑発的なやり方で提起された。O. G. Oexle, "Was deutsche Mediävisten an der französischen Mittelalter-Forschung interessieren muss", in: M. Borgolte (ed.), *Mittelalterforschung macht der Wende 1989*, Munich, 1995, p. 89–127.

25 Werner, Zwischen politischer Begrentzung und methodischer Offenheit, in: Moraw & Schieffer, (eds.) *Die deutschsprachige Mediävistik im 20. Jahrhundert*, Ostfildern, 2005, p. 336. ドイツの歴史学の文脈におけるこの研究所の創設については、以下を参照。Hirschmann, *Die Stadt im Mittelalter*, p. 70.

26 このことはとりわけヘント大学についてあてはまる。ヘント大学は、一九三〇年に(フランス語に代わり)オランダ語による教育が定められたという意味で、「ゲルマン化」されて以来、西欧におけるドイツ文化の前哨とみなされた。この「ゲルマン化」の動きによって、ピレンヌは、ヘントからブリュッセルへ去ることになった。一九四〇~四一年のドイツによる占領期の冬学期の間ヘント大学で教えることになったシュタインバッハは、しかしながらベルギー駐在のドイツ軍の司令部宛ての公式報告のなかで、ピレンヌがヘントにおいて依然として敬愛されており、教授や学生の大部分が(本来の)ベルギーの支持者であり、「(ゲルマン)民族的」(völkische)見方に対してむしろ敵対的だったことを指摘していた。彼が引用している一人の学生は、彼に対して「科学的真実はいかなる祖国(Vaterland)ももたない」と述べたという。以下の書を見よ。M. Nikolay-Panter, "Geschichte, Methode, Politik. Das Institut und die geschichtliche Landeskunde der Rheinlande, 1920–1945", in: B. Dietz, H. Gabel and U. Tiedau (eds.), in: *Griff nach dem Westen. Die 'Westforschung' der völkisch-nationalen Wissenschaften zum nordwesteuropäischen Raum (1919–1960)*, 2vols. , Münster & New York, 2003, vol. 2, p. 713.

27 ペトリは、一九三七年にベルギー、ワロン地方のドイツ語圏、そして北フランスにおける言語的境界に関する彼の学説を発表した。この学説は、多くの資料によって確認されているように、ヒトラーに個人的に重要な影響を与えた。ヒトラーは、ペトリの著書を読んだのちベルギーとオランダに対する彼の提言を採用したのである(戦後、ドイツの多くの教授たちと同様、ペトリはナチズム粛清の短い時代ののち、容易に仕事に復帰し、一九五一〜六一年までミュンスター大学の教授となり、その後古巣のボン大学へ戻った。ナチス時代の彼は、ピレンヌを強く非難していた(ピレンヌの『ベルギー史』の最終巻に関する彼の書評は一一〇頁にも及んでいる!)。また彼は、ピレンヌののちの偉大な著作である『マホメットとシャルルマーニュ』(一九三七年刊)の注目すべき翻訳(ドイツ語訳)刊行の立役者の一人であった。その翻訳は、ある意味で中世初期のヨーロッパにおけるゲルマン人の影響を讃えるべく改竄《かいざん》されていたのである。P. Schöttler, "Henri Pirenne, historien européen, entre La France et l'Allemagne", *Revue belge de philologie et d'histoire*, 76 (1998), p. 877–878. ペトリについてはK. Ditt, "Die Kulturraumforschung zwischen Wissenschaft und Politik. Das Beispiel Franz Petori (1903–1993)", *Westfälische Forschungen*, 46 (1996), p. 73–176. また、オランダの社会学者H・デルクスによるより批判的な「西方研究」(Westforschung)評価についてはH. Derks, *Deutsche Westforschung. Ideologie und Praxis im 20. Jahrhundert*,

Leipzig, 2001を見よ。

28 これらの活動に関する根本的な研究は、以下の書である。P. Schöttler, “Die historische Westforschung zwischen ‘Abwerhkampf’ und territorialer Offensive”, in: idem (ed.), *Geschichtschreibung als Legitimationswissenschaft 1918–1945*, Frankfurt, 1997, p. 204–261. また、以下の印象的な論集を見よ。Dietz, Gabel and Tiedau (eds.), *Griff nach dem Westen.* F・ペトリに関する二編の論稿が含まれている。一つは、M・ピッツによるもの、もう一つはK・ディットによるものである。

29 M. Borgolte, *Sozialgeschichte des Mittelalters. Eine Forschungsbilanz nach der deutschen Einheit*, Munich, 1996, p. 9–19を見よ。

30 こうした知的発展と徐々に進められた知的統合（しかし、もちろん重要な知的・イデオロギー的差異は、部分的に残されたままであった）に関しては、以下の書を見よ。Borgolte, *Sozialgeschichte des Mittelalters*, p. 287–312. およびエンゲルによる直接の証言を見よ。E. Engel, “Bürgertum-Bürgerkampf-Bürgerstadt. Probleme beim Versuch einer Synthese deutscher Stadgeschichte des Mittelalters”, in: M. Borgolte (ed.), *Mittelalter-forschung nach der Wende 1989*, Munich, 1995, p. 407–425.

31 O. G. Oexle, ‘Vom “Staat” zur “Kultur” des Mittelalters. Problemgeschichten und Paradigmenwechsel in der deutschen Mittelalterforschung, in: N. Fryde, P. Monnet, O. G. Oexle and L. Zygner(eds.), *Die Deutung des mittelalterlichen Gesellschaft in der Moderne*. Göttingen, 2004, p. 57–58.

32 E. Isenmann, “Gesetzgebung und Gesetzgebungsrecht in spätmittelalterlichen Deutscher Städte”, *Zeitschrift für historische Forschung*, 28 (2001), p. 1–94, 161–261. 彼の総合的著作〔*Die deutsche Stadt im spätmittelalter (1250–1500)*, Stuttgart, 1986〕においてイゼンマンは、マックス・ウェーバーが中世都市

を特徴づけるために用いた指標を使っている。

33 P. Blickle, *Kommunalismus: Skizzen einer gesellschaftlichen Prganisationsform*, 2 vols., Oldenbourg, 2000. ヨーロッパ科学財団計画の文脈における彼の論集を見よ。P. Blickle, *Resistance, Representation and Community*, Oxford, 1997.

34 これら二つの高度に都市化された中世ヨーロッパの地域の間の比較と差異の結果は、それぞれにおいて異なっていた。人口学的局面と比較に関するG・ピント、P・スターベル、W・ブロックマンスによる以下の書に所収の研究成果を見よ。Crouzet-Pavan and Lecuppre-Desjardin (eds.), *Villes de Flandre et d'Italie (XIIIe–XVIe siècle), Les enseignements d'une comparaison*, Turnhout, 2008. 本書におけるいくつかの議論を私は以下の書で発展させた。M. Boone, *A la recherche d'une modernité civique. La société urbaine des anciens Pays-Bas au bas Moyen Age*, Bruxelles, 2010, p. 109–121. 邦訳M・ボーネ『中世末期ネーデルラントの都市社会』八朔社、二〇一三年)。

35 Knut Schulz, *Denn sie lieven ie Freiheit zo sehr. . . , Kommunale Aufstände und Entstehung des europäischen Bürgertums im Hochmittelalter*, Darmstadt, 1992.

36 以下のウェブサイトを見よ。www.lampreht-gesellschaft.de/ および http://www.eniugh.org/ 後者は、ランプレヒト協会がその一部を構成している「グローバルな歴史のためのヨーロッパネットワーク」である。

37 以下の論稿を参照。Sigrid Weigel, "On the 'topographical' turn: concepts of space in cultural studies and Kulturwissenschaften. A cartgraphic feud", *European Review*, 17 (2009), p. 187–201.

38 J. Habermas, *Strukturwandel der Öffentlichkeit. Untersuchungen zu einer Kategorie der bürgerlichen*

Gesellschaft, Neuwied/Berlin, 1962（邦訳『公共性の構造転換』第二版、法政大学出版局、一九九四年）, p. 16–21 においては、ヨーロッパ中世後期および近世の時代の「公的な政治空間」(public political space)の存在を定義することの可能性は否定されている。それは、ハーバーマスが彼の諸概念を構想した時代（一九六〇年代初頭）の歴史的知見を反映している。

39 とくにヨーロッパのほかの地域に関する論集を見よ。それらは、すべてその歴史学的影響を示す極めて短期間の間に相次いで刊行された。U. Kundert, B. Schmid and R. Schmid (eds.), *Ausmessen-Darstellen-Inszenieren. Raumkonzepte und die Wiedergabe von Räumen in Mittelalter und frühen Neuzeit*, Zürich, 2007; P. Boucheron and O. Mattéoni (eds.), *Les espaces sociaux de l'Italie rubaine (XIIe–XVe siècles), Receuil d'articles*, Paris, 2005; C. Deligne and C. Billen (eds.), *Voisinages, coexistences, appropriations. Groupes sociaux et territoires urbains (Moyen Âge–XVIe siècle)*, Turnhout, 2007; P. Monnet, *Villes d'Allemagne au Moyen Âge*, Paris, 2004.

40 M. Rubin, "Identities", in: R. Horrox and W. M. Ormond (eds.), *A Social History of England 1200–1500*, Cambridge, 2006, p. 402ff.

41 R. Britnell, "Town life", in: Horrox and Ormrod (eds.), *Social History of England*, p. 163–168.

42 新しいオランダ文学史への最近の優れた貢献において総括的なまとめをおこなったプレイによる年来の研究を見よ。H. Plij, *Het gevleugelde word. Geschiedenis van de Nederandse literatuur, 1400–1560*, Amsterdam, 2007.

43 R. D. Putnam, R. Leonardi and R. Nanneti, *Making Democracy Work: Civic Traditions in Modern Italy*, Princeton, 1993. 数多くの批判のなかで重要な指摘は、N. Terpstra, "Republics by contract. Civil society, social capital and the Putnam thesis in the papal state", *Storicamente*, 2 (2006).（www.storicamente.org. を見よ）。

44 中世後期の都市において発展し，議論されたイデオロギーの道具としての公共善をめぐる論集として以下を見よ。E. Lecuppre-Desjardin and A.-L. Van Bruaene (eds.), *De Bono Communi. The Discourse and Practice of the Common Good in the European City (13th–16th c.)*, Turnhout, 2010.

45 A. Gourevich, *Les catégories de la culture médiévale*, Paris, 1983, p. 210–211（邦訳『中世文化のカテゴリー』岩波書店，一九九二年）。この著作は一九七二年に刊行されたが，八三年にジョルジュ・デュビィによる序文を付してフランス語訳が出て以来広く知られるようになった。

46 M. Boone and M. Prak, "Rulers, patricans and burghers: the great and the little tradition of urban revolt in the Low Countries", in: K. Davis and J. Lucassen (eds.), *A Miracle Mirrored. The Dutch Republic in European Perspective*, Cambridge, 1995, p. 99–134; M. Boone, "The Dutch Revolt and the medieval tradition of urban dissent", *Journal of Early Modern History*, 11 (2007), p. 351–375.

47 Marc Bloch, *L'histoire, la guerre, la résistance*, ed. Annette Becker and Etienne Bloch, Paris, 2006, p. 879.

河原　温　訳

中世ネーデルラント　都市の「世界」か？

ヨーロッパのコンテクストにおける都市史

序――ヨーロッパの都市化と都市史

今日、地球上のあらゆる地域を通じた都市化の著しい進展から生じる未来への多くの悲観的な予測を反映して、国連は二〇〇八年に、都市に居住する人口の比率がはじめて世界の人口の半数に達したこと、そしてさらに三〇年には地球上の一〇人中六人が都市の居住者となるだろうと断言した。その報告は続けて、現存する都市は、住民の新たな流入を吸収することができず、続いて起こるさまざまな危機がアフリカやアジアの多くの地域でとりわけ高まるだろうと述べている。それらの地域では、政府は住宅、保健衛生、雇用といった需要の急増に対処する術を備えていないと考えられるのである[1]。私が二〇一二年に公刊した論文において論じたように、現在のこの状況が、歴史上、急速な都市化の最初の時代というわけではないということ、そして政治社会的な無秩序、道徳的退廃、そして人口学的災厄の恐れをかきたてる最初の時代ではないということを想起することが有益であろう。

都市史は、これらの恐れを反映しているかもしれないが、同時に都市化が生み出すさまざまな希望も反映している。そして、歴史学がいかにこれらの変化を体現しているか、いかに何世代もの歴史家たちが都市現象を見渡し、所与の状況と文脈のなかで都市現象を進歩と近代化のしるしとしてきたかについて洞察することは有用であろう。

以下において、私はこの都市についての両面価値的な見方を取り上げて、それがいかに中世の西ヨーロッパにおいて卓越していた都市ベルト地帯に適用されるような、歴史におけるパラダイム変化にかかわっていたかということに取り組むことにしたい。

この(都市)ベルト(地帯)は、南イングランドからネーデルラントとラインラントをへて、中部・北部イタリアへと広がっている。この都市ベルト(地帯)の両端であるイタリアとネーデルラントは、都市ネットワークの密度によって、ほかの中世の都市的ヨーロッパ世界とは異なっている。もちろん、両地域の間の類似性にもっぱら焦点を当てることは誤解を招きかねないのであり、少なくとも両者の間の差異もまた重要であろう。

たとえ、我々が継続中の都市史に関するＩＡＰ(Interuniversity Attraction Pole)プロジェクトの文脈のなかで開始したフランスとイタリアの研究者たちとの共同刊行作業（二〇〇八年から始まった)において明らかにしたほどではないとしても、都市史はブームになっている。ヨーロッパ都市史協会によって開催される年二回の国際会議、ネーデルラント(ベルギーとオランダを一緒にした)、フランス、イングランド、ドイツ、イタリアその他の国における都市史専門のいくつものハイレベルの学術雑誌の存在、都市史研究に携わる研究者たちの数と都市史に与えられた講座の多さがこの分野の成功物語の証左であるといえよう。その理由は、明らかなように思える。都市というスケールの大きさによって、そしてたいていの場合、史料の利用のしやすさによって促進された都市の研究(あるいは比較の視点に基づく複数の都市の研究)は、最近の数十年の歴史学の発展を特徴づけてきた高度な専門化の傾向をすり抜けることができたからである。アメリカの歴史社会学者チャールズ・ティリーが一九六六年の論文において「都市史にはどのような良さがあるか?」を論じたように、都市というものの研究は、人間の行動とその歴史的過程をその全き複雑さのなかで詳細にかつ実際的スケールで研究することを可能にするのである。もし、「（都市の）長期的過程（プロセス）と広範な比較」をおこなうためにティリーのもっとも影響力のある書物の一つのタイトルを引用するとすれば、都市は巨大で大きな問題への確信に満ちた解答を与えてくれる。イギリスの都市史家ピーター・クラークは、二〇〇九年にヨーロッパ都市史に関する総括的研究を刊行したのち、二〇一三年にオックスフォード大学出版局とともに『世界史における都市』という初のグローバルな都市史の書物を編纂した。その本のなかで、私は中世都市に関する章を執筆するという名誉（と喜び）にあずかった。都市史の分野を刺激することにおいて非常に重要な役割を果たした人物（クラーク）によって編纂されたこの書物は、さまざまな反応を引き出すとともに、都市史の発展における重要な里程標として一般に迎えられたのである。

歴史記述のジレンマ――円環的歴史、直線的発展の歴史、あるいは革命？

『世界史における都市』における非常に刺激的な結論のなかで、ペネロープ・コーフィールドは、都市に関する我々の現在の知見を、依然として支配的な三つの「大きな物語」のなかに位置づけている。第一の大きな物語は、歴史に固い根をもっているもので、都市史を循環的なプロセスとしてみており、それは十四世紀北アフリカのイブン・ハルドゥーンにさかのぼる見方である。彼は、文明の目的が定住の文化と奢侈《しゃし》のなかにあると主張した。文明がその目的に到達するとき、生きとし生けるものの生涯のなかで生じるように、文明は堕落へと向かい、老い始めるのである。[2] 都市の生活は文明と奢侈を生み出し、それゆえ柔弱、堕落、衰退への道を開いたのである。

イブン・ハルドゥーンは、例外ではない。彼の理論は、西洋中世におけるカトリックの聖職者たちの間でむしろ共通してもたれていた「都市性」への非難のさらなる共鳴を提供したのである。都市が成長したとき（おおざっぱにいって十二世紀の間）に実際に生じたことは、同じ聖職者たちの間で怖れと怒りを引き起こす性質のものだった。（この点で）しばしば引用される同時代の観察者であったギベール・ド・ノジャンは、この種の怖れの初期の反響を我々に伝えてくれている。ギベールは、（中世には）稀な自伝的テクスト（『自らの人生について』‘*de vita sua*’）の著者である。彼は、およそ一〇五五年から一一二五年の間に生きた人物で、晩年、北フランスの都市ラン（Laon）の近郊にあったノジャン・スー・クーシーのベネディクト会修道院長で生涯を終えている。彼は、ランの住民が彼らの領主であるラン司教に対して一一一二年に起こした反乱を目撃している。それは、中世都市の解放の歴史においてよく知られた出来事であった。ランの市民たちは「コムニオ」（コミューン）すなわち相互扶助のために誓われた誓約をおこない、司教を殺害しようと企てた。司教は、これに対し、捕らえた敵方の市民の目をつぶすことによって応えたのである。コミューンは、ランのスローガンとなった。ギベールにとって、疑いの余地はなかった。ランの市民のコミューンは、コンユーラーティオ（都市民たちによる共同誓約行為）すなわち司教に対してだけではなく、神自身によって与えられた秩序と階層に対する「陰謀」であった。ギベールは、それゆえランス大司教によるこのコミューンの運動に対する非難に同意した。大司教は、「正当性と正義に反して農奴たちが彼らの主人から逸脱したこれらの呪わしいコミューン」に対して非難していたのであった。ギベールの怒りと嫌悪は、コミューンに関する「新たなそして不吉なコムニオという名称」という有名な引用にあらわれている。[3]（彼にとって）新しいもの、新奇なものとみなされるもの（この場合、コミューンであるが）すべてが、否定されるべきとみなされ、悪しきものということになるのである。ギベール（という人物）は、明らかに彼の極めて躍動的な時代に調和していなかった。ギベールの見解は、それゆえ都市の発展に対する拒否であり、商工業の新たな経済的諸活動、自由な市民による富の蓄積、過去の封建的・伝統的世界からの自由と解放への（市民の）明らかな渇望に対する拒絶を意味している。コーフィールドが見て取っているように、「普遍的成長と衰退の循環」は、普遍的ではない。そして同時にこの聖職者の都市的なものすべてに対する疑惑のまなざしもまた、普遍的なものではなかった。たとえ、それが、カトリックの聖職者の手にあった歴史と歴史叙述に対する絶対的な支配が弱まったのち、歴史に関する循環的な見解を受け入れる諸理論のなかで容易に反響を見出したとしてもである。

　そのような循環理論は、のちに、(二十世紀初頭に)西欧文明の没落に関するドイツのオスヴァルト・シュペングラーの多大な賞賛を得た書物によって提示されることになる。「西欧の没落」という縮められたタイトルによって(しばしば)言及されるこの影響力のある書物において、ヴァイマル共和国時代の間の知識人の絶望に直面する。それは、彼によれば「非宗教的で、形而下の都市的コスモポリタニズムの傾向」によって特徴づけられた人類史の冬の相に位置した二十世紀のドイツを位置づけるものであった[4]。

　コーフィールドが扱う第二の大きな物語は、歴史の単線的ヴィジョンである。再び、その源は西洋の歴史と哲学の奥深くへとさかのぼり、実際のところ聖アウグスティヌスの時代までさかのぼることになる。彼の著作『神の国』以来、歴史は、「丘の上の輝く都市」(天上の世界)に向かう上昇志向の旅、進歩の旅としてみなされた。十八世紀の間に直線的変化の世俗化されたかたちが発展していった。それは、歴史をとどまることなく継続している漸進的な進歩、すなわち識字能力と技術の拡大、政治的自由、そして最後に人間たち、とりわけこの注目すべき進歩の第一の享受者たる都市民の進歩とみなすものだった。

十九世紀末までに科学的実証主義歴史学の躍進を目の当たりにした世代の指導的歴史家の一人がベルギーの歴史家アンリ・ピレンヌ(一八六二〜一九三五)である。彼は、織物産業で栄えていた小都市ヴェルヴィエの成功した企業家家系の息子であった。ピレンヌは、この時期に一新された都市史および十九世紀の国民国家の文脈のなかで進歩と自由主義的政治を固く信じる歴史家の世代の声を代表していたのである。ピレンヌの「モダニズムの鍵となる「革新」に対する偏見のなさ」は、ペインソンとヴェルブルッヘンの評価を引用するならば、「モダニズムの使徒」であった。同じことは、ベルギーという国家についてもあてはまる。ピレンヌは、ベルギーの歴史を彼の著作(『ベルギー史』)において成功裡に叙述したが、その著作はブルジョワジーの視点からは第一級の科学者としての彼の名声を生み出すとともに、近代性(モダニティ)を具現化するものであった[5]。十九世紀の終りに、ベルギー王国は実際、もっとも強力な産業国家の一つとなっており、それゆえ、ブルジョワと資本家の精神によって解き放たれた集合的エネルギーの成功したイメージを体現していたのである。そのような(ベルギーの)成功物語が、都市に属するものであり、ヨーロッパにおける

「都市性」の歴史は不可避的にその状況を導くものであったことは、ピレンヌにとって明白なことであった。ピレンヌの都市への嗜好は、彼の歴史家としての職業的経歴の初期の時代すなわち一八八三年の博士学位論文から始まっていた。ムーズ川中流域の中世都市ディナンの制度史を記述しながら、彼は、「私は、過去数十年の間にドイツやフランスの諸都市についてなされてきたのと同様、あるベルギーの都市の履歴について明らかにしようと試みた」と述べている。[6]

「近代性」(modernity)のしるしとしての「都市性」(urbanity)もまた同様に、彼のもっとも影響力のある著作の一つとなった『低地地方における古民主制』(一九一〇年初版)のなかで論じられている。この書物は、(タイトルとしては)誤っているが、しかし、第一次世界大戦中という特殊な状況下であらわれたゆえに理解できる『ベルギーの民主制』(*Belgian Democracy*)という表題で一九一五年にはじめて英語で刊行された。[7] 私たちがこの研究を概観するならば、実際、どれほどピレンヌが(この書物で)フランス学界とドイツ学界双方の支配的な歴史叙述的伝統の最良の要素を組み合わせ、架橋することに成功しているかに強い印象を与えられるだろう。若い頃、ライプチヒやベルリンで学ぶ一方、パリでも学ぶことで、彼は同時代のほかのいかなる歴史学者もなしえないほどに、独仏双方の最良の伝統を結び合わせることができたのである。この組合せは、都市生活の明確な効用に対する彼の全体的な見解(holistic view)を導いたが、それは、ヨーロッパにおける二つのもっとも都市化された地域である北部・中部イタリアおよびネーデルラント(低地地方)における都市生活の前例のない急成長を引き起こした都市制度と商人家系および高度に熟練した職人たちの創造的な力量を通じて生み出されたものであった。こうした歴史の中心には、共同体的な組織、ギルド、兄弟会などそれらすべてがほとんど宗教的要素を備えた価値体系と共同的感覚を表現するものと考えられた組織についての研究があった。ピレンヌの(都市についての)解釈は、『低地地方における古民主制』においておそらくもっとも明確に要約されているにもかかわらず、その見解がもっとも広く人口に膾炙《かいしゃ》したのは、彼が一九二三年にアメリカ合衆国を周遊したのちに刊行した小著『中世都市――その起源と商業の復活』においてであった。当初から古典として評価されたこの書物は、英語圏の大学の授業で、依然として読まれている。[8]

しかし、第一次世界大戦という大きな戦争ののち、都市や都市が体現していた近代性について楽観的な見方を維持することは不可能となった。ほかの大半の同時代人と同様、ピレンヌにとって、いかなる知的確かさももはや存在しなかった。第一次世界大戦において破壊されたイープルの大毛織物会館、ルーヴェンの古い大学図書館、ランスの大聖堂などのような中世の大建築のように、都市を賛美する歴史は、損なわれたのである。歴史学の学問的成果自体がまやかしのように思われた。それは、イタリアの中世史家キンツィオ・ヴィオランテが、一九一八年十一月十一日以降のピレンヌおよび同僚の歴史家たちの心境を記述するなかで述べているように、「大いなる幻想の終焉《しゅうえん》」だった。[9] 社会のさまざまな基盤についての疑念、およびとくに社会の「進歩」と「近代性」への懐疑主義は、いまや一般的となり、またそのような社会の発展を明確にたどり、未来についての選択をなすガイドとして役立つために歴史（学）がもつ能力についての懐疑がそこには存在した。都市史自体が本筋からそれたように思われた。というのは、都市史は、進行する「近代性」を研究するための実験室としてはもはや役立たないと考えられたからである。持続的な進歩とより多くの自由を導く大きな一つの道というものは、コーフィールドも論じているように、あらゆる都市（発展）の道筋に普遍的に適用できるにはあまりにも単純すぎるのである。

第三の「大きな物語」として、コーフィールドが考察するのは、マルクス主義者の物語である。この物語では、闘争と革命が中心的テーマとなっている。歴史は、より多くの解放と進歩へと向かう一定の曲がりくねった道ではなく、また、輝く未来へ向かう長い平静な道ではなく、むしろ革命的な跳躍の連続としてみなされる。都市は、そうした革命の坩堝《るつぼ》であった。なぜなら、都市は、限られた空間において一方に資本家たる企業家や商人たち、他方に彼らの犠牲となった、搾取され憤慨した多くの労働者たちが対面している場であったからである。都市はまた、社会の緊張が爆発にいたる場であり、そこは、「歴史の終局」すなわち一連の紛争の最終段階がおこなわれる場であった。そのようなものとして、マルクス主義は、循環史観から（不可避的な経済的諸段階の概念）も、単線的史観（歴史の終局に関するユートピア的見方）からもその要素を取り込んでいる。マルクス主義の政治的経験は、都市に関する二面性的見解によって特徴づけられているのである。一方で、都市は、農村の住民たちを農村生活の愚かさから引きはがし、彼らに都市の定住の場を与えるために、（スターリンあるいはチャウシェスクのような指導者がおこなったように）彼らが集まる場に変容しなければならなかった。と同時に、都市は、一党支配に対するデカダンスや反対を醸成する場となりえて、都市から離れる運動を引き起こす結果にもなった。そのような動きにおいて、毛沢東やポル・ポトのような指導者たちは、都市の住民たちを大量に農村へと放逐した。農村では、彼ら（都市住民）は、純粋な農民の革命的な力をほとんど（あるいはまったく）見出すことはなく、たいていの場合、死と破滅（地獄）を見出しただけであったのだ。

　要するに、単線的史観や循環史観と同様に、革命的変化史観のモデルは都市のさまざまな経験のすべての潜在的な成果に応えるものではない。これら三つの大きな物語の諸要素は、コーフィールドが結論しているように、決定論的で一つに定められたやり方においてではなく、多元論的なプロセスの観点で融合され、その結果において制限されることのないものとなるべきである。中近世の低地地方（ネーデルラント）の都市の歴史へのグローバルな視線は、こうした見方を確証するものである。それは、この地方の例外的で早期の都市化のプロセス（フランドル、ブラバント、ホラント＝ゼーラントという低地地方の核となる諸領邦における都市住民の割合が三〇％を超えていること）と、ときに人口学的危機に見舞われながらも決して全体的な減少にはならなかった経済的成長は、第二の大きな物語（単線的発展）に沿ったものである。また、同じ都市において、同時に都市と「中央的」権力との間の継続的な闘争や、都市内部の社会的闘争が存在したことは、第三の大きな物語（革命的変化史観）の部分的な有効性を示すものといえよう。マルクス主義者は、都市の闘争の物語を、かつて私がマールテン・プラックとともに書いた著作のタイトルにおいて使用した「小さな反乱と大きな反乱の伝統の場」であった低地地方に適用しうるものとして鼓吹したのである。

人間の諸経験の回復と坩堝の標識としての都市――研究計画

都市は実際、出現し、ときには消滅する（部分的あるいは完全に、たいてい地殻変動や地震や洪水などの「自然な」要因によって）。都市が直面するもろもろの危機は、都市性の本質への脅威であるかもしれないが、しかしたいていの場合、それらの危機はそれらが都市や都市の指導的エリートたちに危機からの立直りや、いかに将来の危機の状況を避けるかということを示唆するという意味で教訓的である。危機はたいてい重大なものではなく、都市はそれが小都市であれ、大都市であれ、そのような危機ののちに再建される、つまり都市は、不死鳥のように立ち上がり、注目すべき復元力を示すのである。それは、本質的な経済の下部構造の存在や根本的な地理的現実にもよるが、また政治的意思と支援にかかわる人間の気質の領域にも依っている。都市の復元力（urban resilience）という主題は、したがって都市史に対して、無限のアプローチを提供する。その限りにおいて、それは都市史に関する「一二〇〇年頃から一八〇〇年頃までの低地地方における都市と社会――復元力と脆弱《ぜいじゃく》さの間の都市的条件」と呼ばれる継続的な研究計画（ベルギーの連邦科学財団によって資金が提供されてきたいわゆるＩＡＰ〈Interuniversity Attraction Pole〉計画がそれである）において中心的なものとして選択されてきた。この研究プログラムには、ベルギーの主要な大学（ヘント、アントウェルペン、ブリュッセル、ルーヴェン、ナミュール）の研究グループと二つの国立機関（王立図書館とブリュッセル王立工芸美術館）が参加している。その研究は、三つの研究ラインに沿って組織されている。第一に都市生活に関する環境的挑戦についての研究、第二に都市の記憶と反記憶に関する研究、第三に包摂と排除のプロセスを通じた共同体建設に関する研究である。

環境問題、社会的アイデンティティの問題、そして共同体建設の問題は、世界中の社会科学のプログラムにおいて、そして歴史的関心においてもその重要性を占めてきた。

しかし、この更新された歴史研究の問題と成果は、しばしば個別的なままにとどまっており、それゆえ歴史的正当性のみならずより広範な社会的妥当性を要求する調査のなかに統合されていく必要がある。都市史は、過去（と現在）の都市において社会の問題のすべてが交わるゆえに、全体的アプローチ（holistic approach）を可能とするような明確な分野なのである。

都市社会のもっとも際立った特徴の一つは、重圧や厳しい危機、あるいは長期にわたる不安定さの状況に耐え、最後には復活する能力である（例えば、低地地方における場合、中世の疫病あるいはネーデルラントの反乱によって引き起こされた政治的危機があげられる）。このような都市現象ないし都市的条件(condition urbaine)のもつ復元力というのは、この継続的な研究ネットワークにおける主要な見方をなしている。もちろん、復元力という概念には、それ自体いかなる説明に値する価値も付与されてはいないのであるが。また、すでに前に論じたように、近代性と進歩(コーフィールドによって記述されたような著名な単線的物語である)のしるしとして伝統的に都市に対して与えられたヴィジョンもまた奨励されるものではないだろう。都市は所与の時期と所与の文脈においてそのような役割を果したかもしれないが、多くの状況において同様にそのような役割を果たさなかった場合もあった。復元力という概念は、都市社会の本質的な諸特徴に焦点を合わせることを可能にする概念的な道具である。抑圧に対応して都市の統治機構は、固有の「代理役」を発展させることができるであろうか。あるいは(都市の)復元力は、財産構造、個人と集団の権利といったものから「都市文化」「都市のアイデンティティ」、あるいは「都市的生活様式」のような非物質的な現象にいたるまで、構造的に都市社会の諸特徴のなかに胚胎しているのだろうか?

復元力は、文脈上の概念としてしばしば信用されてこなかった。この概念は、個人主義と強く結びついた西洋社会にのみ適用されるものである。この偏向は、都市の復元力に貢献するかあるいは妨げる数多くの仲介物や諸要因(それは創造的企業家やインフォーマルな繋がりや相互的紐帯《ちゅうたい》、近隣ネットワークから正式な組織まで、そして都市政府まで)をみることによって避けることができる。そうすることによって、私たちの意図は、進歩に対する単線的で楽観的な信条から抜け出ることにある。ネットワークによる継続的研究において提案されてきたほかのさまざまなプロジェクトの最終目的は、都市社会におけるさまざまな機会、挑戦、成功と失敗について現実的な評価をくだすことである。

都市社会にとっての「復元力」という範疇《はんちゅう》の有用性を批判的に評価するために、現在、研究は生態学的、政治文化的そして社会的諸問題をそれぞれ扱う一貫した三つのまとまったプロジェクトに組織されている。第一のプロジェクトにおいて、我々は「都市生活の環境的挑戦」を対象としたが、そこには短期的危機ばかりではなく、長期的な生態学的条件の変容も含まれている。都市の「復元力」という観念は、ここでは、都市の「不安定さ」の概念と向き合う。第二のプロジェクトは、「都市の記憶と反記憶」および、いかに都市はイデオロギー的感覚(イメージ、地図とテクスト)において自己を存続させてきたか、そしていかにこれらのイデオロギー的概念が形づくられ、都市内外のさまざまな行為者によって変容させられたり、あるいは挑戦されたりしたかという問題に焦点を当てる。第三のプロジェクトは、「都市共同体の建設」の問題と関連しているが、そこでは、いかに都市の住民たち（新たに到着した新移民からすでに地位を確立している市民まで）が、包摂と排除のメカニズムに対処したか、そして個人としてまた集団としていかに都市環境において「復元」された状態に達しようと試みたかを下からの視点で調査することである。

過去の時代において、あるオリジナルなブルジョワ社会が低地地方において発展した。この低地地方に焦点を当てた継続的研究は、より広範な世界との比較と相まって進められている。クラークによって監修された最近の（都市史の）著作によって提供された比較の素材は、この点で西ヨーロッパ内部、さらにはヨーロッパ全体、究極的にはよりグローバルな文脈でのより広範な比較のために重要である。これらの比較は、最終的には、なぜ類似の原因が異なった結果を生むのか、そしていかにこの問題が説明されうるかを問うことになろう。

ヨーロッパ史からみたネーデルラントの都市網

クラークの『世界史における都市』という書物への意欲的な反論として、ユトレヒトの都市史研究者プラック（彼は現行のIAP研究プロジェクトにもかかわっているが）は、『都市史研究』という雑誌の二〇一四年号でつぎのような挑発的な表題の論稿を寄せた。つまり、「近年の成果を踏まえて今なおウェーバーなのか?」である。その結論によると、クラークの書物では多くの章が、それもヨーロッパ中近世だけでなく、前近代の日本と中国についても、都市的あるいはより正確には都市国家的性質に関してウェーバーの見解に基づいて叙述される要素であふれており、またそれは、都市史を語る枠組みとなっている、ということである。

マックス・ウェーバーは確かに、都市史の分野で偉大なるドイツ的伝統をもっとも代表するといってよい研究者である。そして、彼の中世都市論は両大戦をへたのち支配的な学説を形成したことも間違いない。ピレンヌと同様に、ウェーバーは中世盛期と後期に誕生した西欧の都市は、その市場経済的役割だけでなく、固有の法を定め執行するというギルド的権能によっても規定されていた、と論じた。実際中世のコンユーラーティオ(ウェーバーいうところの「没支配的カリスマ」の表れとしての)は、基本的に相互契約と共感に基づく共同体なのであった。この点、ウェーバーはオットー・フォン・ギールケによる「自由なアイヌンク」(Freie Einung)の概念へ大きく依拠していた。しかし彼は自分の実証例を、いわゆる市民統治の時代といわれる十三世紀に形成された、典型的なイタリア・コムーネに求めたのである。彼の死後出版された未完の書『都市』は、『社会経済学および社会政治学』という雑誌に掲載された「都市――社会学的分析」という論文がもとになっているが、それは極めて明瞭な議論を展開している。すなわち、西欧の都市は、自衛組織であり、市場であり、独立した司法の形成者であり、自己統治権の保有者である、ということだ。ドイツ人研究者オットー・ゲルハルト・エクスレによる最近の学説史的検討においても、歴史家は今でも、中世社会が共同体社会であると同時に封建社会だと考えている、と結論している。

他方、ウェーバーは、都市社会における兄弟的組織の意義を強調する。つまりそれは、都市住民や手工業者の組織、宗教的・経済的な組織の点で、また、平和や行動抑制の維持と定着という点である。もう一人のドイツ人史家ペーター・ブリックレは、ウェーバーおよびカール・ランプレヒトの伝統に根差して、近代国家形成に関するESF研究計画との関連も含め、永らくこう主張してきた。すなわち、共同主義(Kommunalismus)という観念は、封建制度や議会制度などその他の観念と同じくらい中世社会の規範となっていた、と。ブリックレがコミューン運動を語るとき、都市の自立化運動だけに言及するのではなく、他方で、都市がこの共同主義概念を拡大するに際して重要な役割を演じたことも強調するのである。とはいえ、こうしたことがヨーロッパ中世都市すべてに適用できると考えてはならない。すべての都市が等しく共同主義という観念を備えていたわけではないからだ。ピレンヌとウェーバーはいずれも、南ネーデルラントと中・北部イタリアの諸都市を実証の対象としており、これらのモデルをさらに別の地域についても拡張しようと試みていた。この二地域は、都市的ベルト地帯がバナナの形をしてヨーロッパをまたぐため、都市史と地理学の研究者たちが「青いバナナ」と呼ぶ範囲（南東イングランドからネーデルラント、ラインラント、西部スイスから北イタリアへいたる）の両極となっている。ヨーロッパ中世都市すべてを代表するとはいえないにせよ、ネーデルラントと北イタリアは、他都市が模倣しようとする文化的パターンをつくりだすほど、技術的洗練と経済的活力を有した中心であったことは疑いない。

　都市の歴史において共同体的要素というものは、諸都市が自らの経済的・政治的影響力を引き上げて、教会や王国・帝国など伝統的な権力に対し、特別な関係を築くようになったとき前面に出てくるようになった。そのため、かつてのネーデルラント都市は、その稠《ちゅう》密《みつ》な都市網と、国家的権威・権力との長きにわたる衝突でみせたような強い活力とによって、共同体社会としての最初期かつもっとも影響力のある事例となっている。ただし、原因が同じだとしても同じ結果が必ずしも生じるわけではないことに留意が必要である。ヨーロッパ的規模でみた場合、例えばコムーネという都市的世界が北・中央イタリアで多く、南部では出現しないままだったのはなぜか、という理由を発達の程度の違いが説明してくれる。南部イタリアでは、ノルマン人の侵略とそのあとに続く皇帝フリードリヒ二世の都市抑圧策(一二三一年メッシーナの例を見よ)が、北部に類似した共同体的運動の開花を阻んだ。もし、それ以前にみられたビザンツ時代やイスラーム帝国期にみられた大きな都市的成長があったとすれば、南部でも都市的共同体の発達は可能だったことだろう。このようにみてくると、バルト海沿岸の諸都市は自律的な成長段階にいたるにはなお未成熟だったし、中央ヨーロッパにはほとんどその可能性がなかったといえる。最初に広くコミューン運動というものが出現したのは、一〇七〇年から一一三〇年にかけてのフランドルとピカルディ地方、北部イタリアであり、それは自由な都市住人間の相互誓約に基づいていた。このときの「コンユーラーティオ」というのは、都市内における自由と平和の保障を意味している。外部世界との特定の関係は別にして、都市共同体は内部組織を再定義することとなった。そして多くの場合、都市共同体は既存の社会的な関係を包摂した。例えば、十二世紀サン・トメールのような都市の「商人ギルド」がそれであり、それははじめ都市商人を保護し相互支援する目的の組織だったものだが、いまや都市の正式な住民すべてを対象としたものとなったのである。

ウェーバーにみられるもう一つの典型的な都市の要素は、自己統治制度として立ちあらわれる。アレッツォという都市では、早くも一〇九八年の私的文書で二人の統領(コンスル)がいることに言及があり、また、教皇パスカリス二世が一一一一年に「都市コムーネに」と記した公式親書では、自治的な都市政体の存在を容認している。政治的混乱と権力の細分化がみられた中世盛期のヨーロッパ封建社会では、また、コミューン(都市自立化)運動への決定的な機運が生じていた。多くの都市では、在地司教の権威が商業活動を完全に平和裏におこなわせることがもはやできなくなっていた。最古の都市コムーネ文書として知られる一一一七年のピストイアのそれは、自らの統領に市内およびコンタードという周辺地域(それは司教領をともかく包含し、かつて「キヴィタス」と呼ばれた)での平和を保障する義務のあることを記している。北フランスで最古のコミューン文書はすべて司教都市で策定されたものである。一〇七七年のカンブレ、一〇八一年のサン・カンタン、一〇九九年のボーヴェ、一一〇八~〇九年のノワイヨン、一一一〇~一六年のランがそれで、これらの文書は都市の経済的エリートの利害と司教の封建的権威との溝がしだいに深くなることを示している。またそれらはみな平和運動と密接に結びついており、都市の不利益とりわけ商業的・政治的エリートの不利益となるような恣意《しい》的な権力行使に対して、暴力的抵抗をするよう規定しているのである。十二世紀末フランス王フィリップ・オーギュストという抜け目ない君主は、わずか一一八〇年と九〇年の間に二八ものコミューン証書を発給したが、そのなかで、自分の政治的野望と都市の平和運動とをうまく結合させることに成功している。

それよりさかのぼること数十年、一一二七〜二八年にフランドル伯領で重大な政治危機が生じたが、その解決の仕方が、いかに都市の利害が（この場合はヘント、ブルッヘ、イープル、サン・トメール、リールのフランドル大都市）フランス王権によって押し立てられた対立候補を押しのけて権力を握った、アルザス家という新支配家系の利害と協調していくことができたのか、を示している。同時代の証言者としてフランドル伯の祐筆だったガルベール・ド・ブルージュの著名な史料が残されているおかげで、我々はこの政変については、例外的といえるほどの知見をもつことができる。ガルベールの叙述は、英仏両国王、フランドル伯位継承者たち、貴族と大都市の市民といったすべての紛争当事者がとることのできた基本的な政治的選択肢（それは公に語られた文言のなかにみられる）を明確にしている。そしてそのことは同時に（彼自身の言葉はさておき）政治的目論見の実現に言葉がいかに重要だったかをも示している。ガルベールは、ネーデルラントで問題となっていた政治課題にとって重要ないくつかの事柄についても言及する。つまりそれは、物事の決定における議会の重要性、政治的諸関係での封建的互恵主義、領主臣民間の条件付協定を基礎とした権威の正統性、領邦の「国家的」枠組み（それは、共通善実現のために行為をおこなうのは誰か、ということが問題となるような境界を示す）である。[11] 十二世紀末一一九一年に都市ヘントが伯妃マチルダ（テレジアとも呼ばれたポルトガルの王女で、フランドル伯フィリップ・ダルザスの寡婦《かふ》）から獲得した特権は、都市・君主間の契約に基づく関係を示す、「個別都市特権」の最初期の事例だといえよう。[12] 十三世紀になると、これまでみた大都市の代表者たちは国際政治のなかで前面に出てきて、重要な役割を果たすようになる。彼らは、もはや一都市の参事会員としてではなく「フランドル伯領の参事会員」（scabini Flandriae）の肩書で商業協定を締結している。このことは、市参事会員という都市に典型的な制度が、代表制の機能と役割において成長しえたこと、それゆえ、彼らの行為は伯領全体だけでなくそれを超えるほどに及んだこと、を明瞭に証左しているのである。

ウェーバーによれば、市民に対する管理・統治権は中世の都市共同体に特徴的なものであった。市参事会員、統領あるいはその他の在地司法と行政に関する職権保持者が体現する都市行政のさらに下部には、ときに極めて複雑に重なり合ったさまざまな組織（例えば宗教的な救貧組織あるいは職業組織）の層が存在していた。そしてそれは、「共通善」（public good）という重要原則の実現に共同責任を感じるがゆえに公的領域で活動をおこなおうとする、野心的な男性(女性は公的な場から排除されていた)を涵養《かんよう》する場となったのである。コミューン(つまり邂逅し仲間同士で協議することを自由におこなう共同組織)を創り上げたいという都市住民の願望が極めて強かったため、多くの場合、都市印章に描かれる統領や市参事会員の肖像は、その都市が優れて外部世界との対決を望むかのような図柄を呈している。ここでは一一九五年のムーランの都市印章を例示しよう。かつての研究では、参事会員によって統べられる都市と統領統治体制の都市との区別を強調しすぎたように思われる。結局のところ、都市統治の本質でありつづけたものとは何か、市参事会員、統領、宣誓人、参審人等々がどのように選出されるか、裁判に関与してくる異なる権力間の関係はどのようなものかについては、ローマ法に由来するただ一つの基礎的指針が妥当していたのである。つまり「すべての者にかかわる事柄は協議され、各人によって承認されねばならない」ということである。現実には、都市政府は少数の寡占者によって支配されるようになり、多くの選挙に関して指針や命令を定めた多種多様な規則・手続きは、二十世紀初めのリベラルな理想に基づいて語られた「市民的民主主義」に対応するような結果を必ずしももたらすものではなかった。もちろん、都市行政は首尾よくいった選挙のあとで委任配置される役職保有者に基礎をおいてはいた。しかしながら、選挙民の数の変動、教区や街区、ギルドや職業団体、兄弟会あるいはたんなる賭け事のようなものといった次元でおこなわれる多くの選挙対策、また、物事の決定過程においてあるときは「多数のために」、あるときは「より良識ある有権者のために」とされること、などすべての要素が「民主的」手続きが直線的におこなわれることをほとんど不可能にしていたのである。

選挙と決定過程のこうした複層性は最終結果として政治構造に反映され、それは非常に多くの場合三つの層から成り立っていた。もっとも基礎的な構造部分は、完全な政治的権利をもつ全住民から成る総会であり、これは理屈のうえでは領主的な決定権をもつ集会であるものの、めったに招集されることがないものである。第二の層でみられるのは、ともかく一定の範囲でおこなわれる評議会で、例えばギルドのような政治参与団体すべてから選出される代表団から構成されるものである。最後の層には、行政執行機関が具備される。これは参事会員や統領といった政治的・財政的実務を日々司ることが職務となっている人々から構成されている。こうした政治構造は、北部イタリアのコムーネ都市に現存する最古の都市宮殿に建築学的に映し出されている。つまり、ブレシア(一一八七年)、ヴェローナ(一一九三年)、ベルガモ(一二〇〇年)、クレモナ(一二〇六年)がそれで、いずれも一階部分に巨大な回廊が配置され、それが日々の市場活動へ開かれるとともに、いつでもそこで市民集会を開催することができた。その上の階にはいくつもの部屋が並び立ち、評議会や市長、参事会員がそれぞれの部屋で会合をおこなっていた。しかもそれらは、「ポポロ」というかなり名目的かつより大きな会議体を基礎においていたのである。十三世紀中頃の局面では、中部イタリアの大都市（ボローニャが史料のよく残る好例である）やフランドル伯領（リール、ヘント、ブルッヘ、フルヌ）、ブラバント公領（ブリュッセルとス・ヘルトーヘンボス）で新しい中央広場が「建設」された。それは重要で費用のかかる試みであったが、開かれた公共空間を生み出し、公衆の政治集会開催を可能とするものとなった。フランスの社会学者アンリ・ルフェーヴルが最初に提起した説に沿って都市空間の異なる「解釈」を試みるならば、それは、空間がどのように認識され、象徴されそして想像されるかということを区別することによって、中世都市史研究を野心的かつ新たなものとすることがわかる。繰り返せば、まさに最近の研究が明らかにしているように。

都市は、住人諸個人の力を結集・統合する積極的な作用力を発揮しただけではない。同時に市民権を制約し、市場の新規参入者を規制し、自ら提供する社会的・法的・政治的保障の利用に制限を課していた。確かに、民主制の危機といった厳しい時期ですら、都市には高死亡率という墓場効果があったにもかかわらず、都市は新規住人を吸引しつづけた。多くの者にとって都市に住む利益は不利益を上回っており、そのため固有のリスクには目をつぶったのである。とはいえ都市も新規参入者に対しては厳格な判定をくだした。例えば、すでに述べたヘントの一一九一年特許状では、新たに都市へ居住しようとする者は、「都市共同体の人々にとってまったく無益な者」と判断された場合、市民となることを却下される可能性を受忍すべし、と記されている。十四世紀を通じて都市会計簿が史料として利用できるようになるが、そのなかに、都市にとって不都合な者として処罰された人々の記録が、特別な会計項目として記されているのを見て取ることができる。金銭的なやり方が期待した効果を生まなかった場合、都市からの追放や強制排除によって保護義務が解除された。追放された者がこの政策に背くようなことがあれば、命の危険にさらされることもあった。したがって、中世都市は都市的好環境を準備して生活を快適なものとし、社会の基礎的要請に応えただけでなく、そうしたものを共有できる人間とできない人間との間に明確な線引をし、住人の社会的行動や労働・財政状態に影響を与えるとともに、それらのモデルを提供したのである。中世都市は独自の周縁者たちを創り出し、彼らの行動に対する集団的恐怖を生み出した。そしてハンセン病者、ゲイの人々、ユダヤ人、物乞いたちに対するひとまとまりの抑圧行動をとったのである。市民であるか否か、つまり市民権が包含する権利と義務へ通じているかどうかが重要であったため、そのことは、ヨーロッパ社会ののちの発展に大きな刻印を残した。しかもそれは、個々の市民や臣民が権利に接近する際、その仕方が異なるほかの文明ではみられない現象だったのである。

市参事会の構成が変更される際に市民の間での契約が、あるいは君主家系の代替りにともない聖俗いずれかの君主と都市行政体の間での契約が更新されるとき、空間的な要素が付け加わる。つまり、一揃いの権利・義務が双方の間で読み上げられ、互いに誓約を交わし、必要があれば意見交換や議論がおこなわれる。こうした側面においても、ヨーロッパの中世都市は自由の温床であった。もちろんそれは市民個々人のではなく、共同体的行為の自由という中世的な意味においてではあるが。中世のキヴィタスというのは、都市共同体(universitas)の変形であり、そこでは正義、平和、融和が神の恩寵の表れとされるのである。共同体とは何よりも優れて宗教的共同体であり、都市に属するということは、不信心者、異端者などではないことを意味していた。ここでも二様の性質が垣間見える。つまり、都市共同体はその構成員の間に結束を生み出し、それを強化するが、他方で、順応しない者は容赦なく排除する、ということである。

空間的転換――異なるパラダイムか?

すでに述べたように、都市空間がいかに構築され、それが都市特有のアイデンティティへいかに影響を与えるか、を考察することは、都市史を一般的に考究する際の非常に有効な手法となる。社会的、言語的あるいはほかの「転換」ののち、歴史はまたいわゆる空間的転換において空間の分析を(再)獲得する。これは都市史を再検討する、またもっといえば活力という概念を検証することに対して大きな可能性を開くことは明らかである。というのも、都市空間がいかに大きな改変の対象となったかを子細にみると、都市的価値の意味に対して新たな解釈づけが可能となるからである。私は、中世後期・近世初頭のネーデルラントについて典型的と思われる現象にこのことをあてはめて考察したことがある。つまり、ブルゴーニュ公家とつぎのハプスブルク家の支配者たちが軍事的建築物すなわち城砦を構築することで、都市とその空間に対する自分たちの支配を印象づけようとした企てがそれである。それは、空間を象徴的な仕方で、しかも現実には軍事的な仕方で都市を支配下におこうとするものであった。こうした着想と技術的な事柄はイタリアに範をとっていた。イタリアでは、都市に対する統制力を最終的に握った多くの家系が、都市域へ城砦をつくりつけることで支配権を印象づけている。例えば、ミラノのスフォルツァ家の建設が最初期のものとしてよく知られている。ブルゴーニュ公家とハプスブルク家の君主がネーデルラントで仕事をさせた技術者たちの多くはイタリアからやってきており、彼らのもたらした技術と設計思想はほかの主要な都市景観にも有益な効果を発揮している。

都市空間の考察に際しては、三つの要素が重要である。まず政治的レベルでは、中世ネーデルラントの都市と国家の関係に根本的な変化を引き起こすその全過程がみえること。ついで経済的領域では、君主の城砦建設が引き起こす都市空間の再編という衝撃が、どのように経済的・財政的行動を変化させるか、ということ。最後に、より宗教的・文化的な側面についてみると、都市の空間的秩序に対する意図的な攻撃が、いかに都市のアイデンティティに影響を及ぼすか、ということである。以下これら三要素について、最後のものから考察していこう。

個々の都市の歴史を振り返るとき、都市内に押しつけられた新しい城砦の建設が、いかに重要かつ神聖な教会施設の破壊をともなっていたか、驚きを禁じえない。もちろん、そうした施設は軍事的な視点からも極めて枢要で、つねに脅威にさらされていた都市の中心を保守できるような場所にしばしば位置していた、ということは銘記すべきである。ヘントやユトレヒト、リエージュでの城砦は、古い修道院や重要な教会施設を取り壊しておこなわれている。これは、法的ないし現実的な視点からして、膨大な数の個人的土地所有者のいる都市の一区画全体を整理するよりは、所有者が一人しかいない土地を没収するほうがやりやすい、ということがあったためでもあろう。教会への仕打ちはまた、君主(場合によっては都市)の権力優位を明らかに誇示するという面ももっていた。それは、領域内で課される租税および司法に関して君主が独占的権限をもつという前提に、永らく疑問を呈してきた教会組織に対するものだったのである。しかしながら、都市内の教会の立地を大幅に変えることのできる権力は、ある種の精神的かつ現実的な優位を明確に獲得していた。ヘントやユトレヒト、リエージュのようなかなり象徴的な意義を有す大都市はまた、ネーデルラント都市網の結節点として上位に位置していた。[13] 賛美の対象となるこれら中核的な場所に新たな宗教的秩序を打ち立てるには、精神的な権威と教会の富とが、関連する人々の社会資本をはっきりと増加させねばならない。史料に比較的恵まれたリエージュをみると、破壊ののちに念入りな再建がおこなわれ、その際「新しい」秩序は宗教的に定められた都市空間の周囲に構築された。この点をみても、今述べたことがまさに妥当することがわかる。リエージュの事例では、都市破壊を命じた君主とその復興を保証する都市の守護聖人との間に強い絆のあることが証拠として表明されていた。また別の例では、非常に古い宗教的構造物の廃止と共同体の行動様式の変更(すぐに浮かぶのがヘントの宗教行列の強制的な廃止やユトレヒトの都市印章の変更である)、これらすべては、都市の共同体的アイデンティティの形成と密接に関連しており、また君主による都市の統治・支配の野心増幅とも結びついていたのである。都市の宗教行事暦を決定するというのは、ほとんど神事の秩序に触れることだけに、絶対的権力を明瞭に示すことを意味していた。第四代ブルゴーニュ公シャルル・ル・テメレール(突進公)の時代以降、ネーデルラント内で宗教施設の立地を変更したり、司教領の境界線を修正するという最初にして入念な計画が、各地区の教会立地への介入という現象と時期的に重なったのは、したがってたんなる偶然だったのではないのである。

中世の国家形成過程は、君主・都市間での税に関する独占権をめぐる闘争であると理解できるし、これまでそう理解されてきた。都市景観の大きな変更としばしば新しい防護壁をともなう城砦建設は、都市財政に巨大な負荷をかけた。城砦建設の場合はとくに巨額の出費を要した。十四世紀末のブルゴーニュ公統治開始初期には、初代公フィリップ・ル・アルディ(その財政政策が詳細に研究されている唯一の公だが)によるスルイスとリールでの大建築計画は、公収入に対して重い負担となり、それは、ルッカ出身のイタリア人銀行家ラポンディとブルゴーニュ公との間に財政的な繋がりを長くもたせることとなった。ユトレヒトとアントウェルペン、ヘントの城砦建設の場合は、その費用がかなりの程度都市財政に依存したことがわかっている。それは、都市の財政収入のもっとも重要な財源であった間接税の急激かつ激烈な増加をもたらし、また、定期金の販売というよく知られた方法によって、都市の負債を増加させたのであった。そしてこの負債がまた別に間接税の高騰を長期にわたって招くこととなった。ここで大きな対比点があることに留意したい。つまり、君主への財政的義務を果たすべくおこなわれた大量の定期金販売と都市の負債処理とが一種の「市民的義務」とも呼べるものをつくりだすこととなった。他方それと同様に、城砦建築という機会を与えることによって、君主とその家臣たちは都市エリートの一部に、都市の利害ではなく、君主の建築計画に協力して得られる直接的利益を得るほうを指向させることに成功した、ということである。比較的短期間にそのようにして設営された大建築作業場は、建築業で活動する工事請負人や企業家に大きな機会を提供したことは疑いない。十六世紀アントウェルペンの例をみれば、そうしたことが地元政治家と建築業者との広範囲な癒着をいかに招いたかがわかる。しかしながら、決定をくだすことのできる人間や大きな利益をあげる人間の数がどんなに少なかろうと、市政においてギルドを前提とした労働力がかなりの参加をするという点からみれば（ヘントとユトレヒトの例のように）巨大建築作業場の設営によって、政治的忠誠心には広く衝撃が及ばずにはおかなかったであろう。そのため城砦というのは、都市の目に見える象徴的な一体性に大きなひびを入れただけでなく、同時に政治的結束をも揺るがしたのである。

宗教的・文化的意味づけと経済的・財政的影響に加え、ネーデルラント大都市における比較的短期間の城砦建設がもつ政治的な重要性について、若干の結論めいた所見が浮かび上がる。もちろん、軍事技術と戦術に抜本的な変化が生じた当時にあっては、軍事戦略および戦略地政学の技法とが発達しており、そうした一般的な視点からすれば、比較的大きな都市における城砦は「国家的」規模で新たな防衛線を定めるという全般的な動向の一部を成していた。しかしそうした見方をしたとしても、斬新な「イタリア方式」の都市防衛構築というレッテルを貼った見方には疑問符をつけざるをえない。ネーデルラントについて看取されるのは、ブルゴーニュ公統治期にしっかり根づいた在来的伝統の混淆であり、根本問題を解決しなくてはならない（とりわけ都市にイタリアのシニョーリアのような政治的権威をいかに浸透させるか）というなかで会得されたいくつかの新しい手練手管である。またそれは、ブルゴーニュ公の統治が十四世紀後半に始まるまでは、まったく別の環境で生きてきた都市住民たちにどのようにして新しい支配者の政治力を植えつけるか、という問題でもある。

都市景観の再編というのはしたがって必要不可欠であり、それを促したのが宗教的視点からする一連の空間再構成だったのである。年代的にみるとこうした動きが始まったのはシャルル突進公の専制的な統治時代であった。彼は、都市という抵抗勢力を完全に封じ込める、という強い野望を抱いたブルゴーニュ公であり、こうした事情は、都市および在地権力とマドリッド＝ブリュッセルの中央権力との最終衝突がみられた十六世紀後半まで続くことになる。

ネーデルラントの反乱という軍事的局面で、城砦がどのようなものとみなされ認識されたか、という研究視点が基本的な要素として前面に出てくるようになった。ピーター・アルネードは最近、オランダ政治文化の研究のなかにこうした要素を取り込んでいる。一五七七年にフリースラントの身分制議会が、スペインからの統治者アルバ公がフローニンヘンに築いていた砦を壊そうとした際に、語ったつぎの言葉が状況を明瞭に示している。「我々は城砦の破壊者だが、(他方で)自由な都市の建設者なのだ」。同じ年(それは一五七六年にヘントの和平に続く年であるが)ユトレヒトのフリーデンブルフ城砦、アントウェルペンとヘントの城砦が民衆暴動で攻撃対象となったが、破壊されなかった部分は市民が別の目的物、つまり新しく構築する市壁の一部としそこに埋め込んだ。そうすることで、城砦の押付けは同時にその破壊をはじめから前提とするという、輪廻のような政治文化が生まれることとなったのである。ヘントでは、共同作業をおこなうときに隣組のなかでそれを回すといった制度が根づいており、それによって、四五〇人ほどの市民がいつでも作業に従事することが可能となっていた。これは隣組組織を基礎とした連帯の再構成であり、ハプスブルク家の皇帝カール五世が、圧力によって一五四〇年に撲滅しようとした都市の政治文化の別な一面であった。とくにアントウェルペンの場合、城砦への攻撃（アルネードの言葉を使えば「喜びに満ちた浄化の儀式」）は、極めて象徴的な出来事だった。というのも、その城砦建設はアルバ公肝煎《きもいり》の公共工事だったからであり、その破壊はスペイン軍によるフランドル都市の略奪という悪夢を払拭《ふっしょく》するに十分な機会を提供したからである。アントウェルペンにおいて——「聖女なる城砦」の嘆き、という後年の伝承歌謡では、「聖女なる（スペインの）カスティリア」という言葉へ変形がなされている——またユトレヒトにおいて（そこではフリーデンブルフ城砦の奪取に活躍した英雄的民兵のカトレイン・レームプットの伝説が、政治性をもつ神話となっている）も、城砦の再征服（レコンキスタ）は都市的アイデンティティの再獲得を跡づけているのである。

最後に結論的見解に代えて、マキアヴェリの『君主論』の一節を引用して示そう。「征服されたのち、都市や君主国家はどのように統べられるべきであろうか」（第五章）。「都市の支配者となった者は誰であれ自由を尊重し、それを毀損してはならない。さもなくば自らが滅ぼされるであろう。なぜならば、ひとたび反乱が起こるや、時の経過や新支配者のもたらす恩恵があれども、忘れ去られることのない自由および古の慣わしの名のもとに、都市は自らを正当化するからである[14]」。

1 『世界の都市化の展望。二〇〇七年修正版ハイライト』という報告は、国連により刊行された。以下のサイトを参照。http://www.un.org/esa/population/publications/wup2007/2007WUP_Highlights_web.pdf.

2 二〇〇五年のイブン・ハルドゥーンの『歴史序説』（*Muqaddimah*）の英訳（F・ローゼンタール）から引用。コーフィールドの結論（時のなかの都市）（in: P. Clark (ed.), *The Oxford handbook of cities in world history*, Oxford, 2013, p. 830）を見よ。

3 ランの都市史におけるこのよく知られた状況については、A. Saint-Denis, *Apogée d'une cité. Laon et le laonnais aux XII*^{e} *et XIII*^{e} *siècles*, Nancy, 1994, p. 91–146. ギベールのテクストについては、E.-R. Labande (éd.), *Guibert de Nogent, autobiographie*, Paris, 1981（英訳 J. F. Benton, *Self and society in Medieval France: the memories of abbot Guibert of Nogent (1064?–c.1125)*, New York, 1970 (reed. Toronto, 1991).

4 これは、ヴァイマル期ドイツの知的文脈のなかにおかれ、読まれるべきものとされる。R. J. Evans,

The Coming of the Third Reich, London, 2004, p. 121 参照。シュペングラーからの引用は以下による。O. Spengler, *Der Untergang des Abendlandes. Umrisse einer Morphologie der Weltgeschichte.* I: *Gestalt und Wirklichkeit*, Vienna, 1918, p. 73–75.

5　L. Peynson and C. Verbruggen, "Elements of the Modernist Creed in Henri Pirenne and George Sarton", *History of Science*, 49 (2011), p. 377–399.

6　これは、一八八九年に『中世における都市ディナンの制度史』(*Histoire de la constitution de la ville de Dinant au Moyen Age*)として刊行された。同書は、ピレンヌが学位論文の六年後の一八八九年に中世史の教授として任命されたヘント（ガン）大学文学部のモノグラフシリーズの一冊であった。

7　この書物の最初の英訳版(*Belgian democracy. Its early history*, Manchester, 1915)はその後、より正確な表題のもとで繰り返し再版された(*Early democracies in the Low Countries. Urban society and political conflict in the Middle Ages and the Renaissance*, New York, 1963)。

8　英語版初版は、一九二五年にプリンストンで刊行された。この版は、アメリカの大学では依然として広く読まれている。フランス語版は、一九二七年に刊行され、アナール派の創設者の一人であるリュシアン・フェーヴルによってすぐに、以下のように賞讃された。「この書物は、生涯ある職に秀で、出会った者を生き生きとさせることのできる人間を生み出すものの一つである。そこには、アンリ・ピレンヌと署名されている」(L. Febvre, *Vivre l'histoire*, éd. Brigitte Mazon, Paris, 2009, p. 306)。

9　ヴィオランテにより明確に表現された感情である。C. Violante, *La fine della 'grande illusione'. Uno storico europeo tra Guerra e dopoguerra. Henri Pirenne (1914–1923). Per Una rilettura dela 'Histoire de l'Europe'*, Bologna, 1997 (Amali dell'Istituto storico italo-Germanico. Monografia 31). ドイツ語版は、ヴィ

オランテに関するジョルジオ・クラッコによる重要な序文を含んでいる。C. Violante, *Das Ende der 'grossen Illusion'. Ein europäischer Historiker im Spannungsfeld von Krieg und Nachkriegszeit. Henri Pirenne (1914–1923)–Zu einer Neulesung der 'Geschichte Europas'*, Berlin, 2004 (Schriften des Italienisch-Deutsch historischen Instituts in Trient, Band 18).

10 ガルベールのこの注目すべきテクストを最初に極めて学術的な版として公表した（一八九一年）のは、ピレンヌである。現在、新しい版が利用可能となっている。Galbertus notarius Brugensis, *De multro tradionne et occisinoe gloriosi Karoli comitis Flandriarum*, Turnhout, 1994 (Corpus Christianorum, continuation mediaevais CXXXI), ed. Jeff Rider.

11 国家（ネーション）と共通善の概念は、ガルベールのテクストの五一章において明確に結びつけられている。そこでは、新しい伯が「国（Patria）の共通善のために役立つように」宣誓しなければならないことが明示されているのだ。

12 W. Prevenier, *De oorkonden der graven van Vlaanderen (1191–aanvang 1206). II: Uitgave*, Brussel, 1964, p. 12（第一条）：「ヘントの住民たちは彼らの君主が彼らに対して正当かつ理性的に振る舞おうと欲する限り、君主に忠実な存在であるべきであり、またすべての君主たちに対して臣従する者であらねばならない」（"Oppidani Gandenses fideles debent esse Principi suo et amici pre omnibus, quos mundus habet, principibus, quamdiu iuste et rationabiliter eos tractare voluerit"）。

13 一般的叙述であり、なおかつ宗教的な側面にも十分な注意を払っているものとして、以下の論集におけるさまざまな論文を参照せよ。*Le réseau urbain en Belgique dans une perspective historique (1350–1850). Une approche statistique et dynamique. Actes du 15e coloque international, Spa, 4–6 Sept. 1990.*

Crédit Communal, coll. Histoire, 1992.

14 このマキアヴェリからの引用は、ジョージ・パルによる英訳（ペンギン・クラシックス）による。該当箇所は、p. 118–119（penguin edition of 1974）である。電子版については、以下を参照されたい。http://legacy.fordham.edu/Halsall/basis/machiavelli-prince.asp #CHAPTER XX.

河原　温・藤井美男　訳

高度に都市化された環境のなかの君主国家

南ネーデルラントのブルゴーニュ公たち

ブルゴーニュ国家の形成過程、その多面的な発展

フランス・ベルギー・オランダ各国の近現代史をみると、その歴史叙述におけるブルゴーニュ時代は、非常に相異なるとともに、あまりはっきりしない位置にある。これらの国々それぞれの「国民的な」歴史は、自国の一部分となるはずの領域に勢力基盤を築いたブルゴーニュ公たちの活動について、異なる見方を示している。もちろんそれらの「国民的な」歴史は、十九世紀末以後に組み立てられてきたものなので、すべては十九〜二十世紀の「国民」国家につながるはずだという目的論的な観点に影響を受けてきた。こうした

やり方で、ブルゴーニュ公たちが実際におこなった中世末期の国家形成を振り返るならば、それはたんに、三つの面をもつ歴史事象になってしまうだろう。

フランスの場合、ブルゴーニュ公たちは国家の大義への裏切り者と考えられた(そしてある程度はいまだにそう考えられている)。その国家の大義とは、高度に中央集権化された君主政国家を建てたフランス絶対王政への道を整えるものであった。ブルゴーニュ公たちはフランスを治めるヴァロワ王家に属していたにもかかわらず、イングランド王家の野望にくみし、「百年戦争」の間にはイングランド王を援助することもあり、フランス王に張り合う領域諸侯の古い伝統を保ちつづけていた。それに対して王はパリとそこで機能する中央機関を拠り所とした。いわゆるアルマニャック派とブルゴーニュ派の戦争とは、結局、争う二つの貴族家門(オルレアン家とブルゴーニュ家)の内戦であるのだが、その過程でブルゴーニュ公がイングランドと同盟したがゆえに、紛争は激化し、そうして「先祖伝来の敵」イングランドに相対するフランスの大義をかなり弱めてしまったとされる。紛争の最悪の時期は一四〇七年のオルレアン公の暗殺から、三五年のアラスの和約でフランスとブルゴーニュの関係が正常に戻るまで続いた。それ以後、フィリップ・ル・ボン(善良公)の長い治世の後半を通じ、双方の関係は平穏だったが、その子シャルル・ル・テメレール(突進公)のときに対立が再燃した。シャルルにとって国王ルイ十一世はもっとも頑強な敵であった。フランス王権の利害と、ブルゴーニュ公家およびその後継者ハプスブルク家（スペイン系さらにはオーストリア系）の野心との対立は、その後数世紀にわたって続き、フランスの歴史家たちが自分たちの「国民の」歴史を組み立てる際に変わらぬ要素として取り込まれた。

ベルギーの場合、状況はまたいっそう混乱している。アンリ・ピレンヌの『ベルギー史』（一八九九～一九三〇年）刊行以前、ブルゴーニュ公たちは、伝統的な（そしておおいにロマンティックな）歴史叙述において、フランス系の文化背景をもつ、別種の外来の支配者と考えられていた。彼らは、さまざまな文化の伝統をもつ諸侯領を混ぜ合わせてひとまとめに支配し、地方の支配者（フランドル伯、エノー伯、ブラバント公、リエージュ司教など）が都市や地方に与えていた特権を抑圧した。一方ピレンヌは、そうしたブルゴーニュ公たちを、ベルギー国家統合の先駆者として考えた。史上はじめてフランドル、アルトワ、ブラバント、エノー、ナミュール、ルクセンブルクといった領域諸侯領を統合することで、ブルゴーニュ公たちは政治統合の過程を成功裏に始動させたからである。リエージュは聖界諸侯領ということでやや異なる歩みをたどったが、ブルゴーニュ公の影響圏内のほかの司教領と同じように、公たちの活動にかなり影響を受けてはいた。しかしピレンヌの見方ではさらに、この過程はブルゴーニュ公たちの活動のはるか前から、ほとんど気づかれないかたちで、すでに進行していたものだった。さまざまな諸侯領の支配エリートの基本的な経済利害が集中しており、それらがしだいに一緒になっていく道はすでに敷かれていたからである。そのうえで、ブルゴーニュ公たちの活動は政治統合を可能にし、強靭で統一された領域「国家」を建てるのに必要な司法・政治過程をスムーズに進ませたということになる。この見方によれば、ブルゴーニュ公に対し、諸都市内の勢力は徐々に、失われた大義、すなわちさまざまなギルドや地元の社団組織の大義を守る者となった。そうした団体はかつて十三世紀から十四世紀初頭の時期には再建と革新の担い手であった。しかし彼らはブルゴーニュ公に対し、もはや歴史の流れに合わない利害を守るという、時代遅れの姿勢をとった。

オランダの場合、第三の、そしてまた非常に異なる見方が、ブルゴーニュ国家形成について示されている。フランドルとアルトワでは一三八〇年代からすでにブルゴーニュ公家の支配を経験していたのに対し、北部諸領(ホラント、ブラバントやゼーラントの一部)の場合、ブルゴーニュ国家の形成は一四三〇年にようやく始まった。それゆえ、ブルゴーニュ公たちに統治された人々が被治者として一体化していく過程は、年代からして根本的に異なっていた。ゆえに、ブルゴーニュ文化に関する古典『中世の秋』(一九一九年)の著者ヨハン・ホイジンガは、ピレンヌの見方に対立して自分自身の見方を打ち出した。彼が主張するのは、オランダ史の流れのなかでブルゴーニュ国家というものを語ることになるなら、一四七七年（フランスとの結びつきが決定的に断ち切られたとき）に始め、一五七九年に終わるようにすべきということである。この一五七九年に、スペイン国王フェリペ二世に対するネーデルラントの反乱のなかで、それ以前は統一されていた低地地方が、ハプスブルク領にとどまった部分（大まかにいえば現在のベルギーと北フランスの一部）と、のちにオランダ共和国となる北部諸州とに分かれたのである。十七世紀にこの共和国は、文化的・政治的に際立った発展を遂げ、当然ながらオランダ史の最盛期となった。一四七七年以前、ヴァロワ朝出身の四人のブルゴーニュ公の活動の時期について、ホイジンガは、「国家」という概念を認めるのは難しいと考えた。彼はそれでも「国家」の語を使ってはいるが、微妙な点を考慮しつつおおいに慎重に使ったのであった。

ブルゴーニュのトップダウン構造、それは国家なのか?

長い十五世紀（大まかに一三七〇年頃から一五四〇年までを含む）の間におこなわれたブルゴーニュ公家の統合過程を振り返ると、二つのもっとも重要な特徴、すなわち政治的・司法的な統合と、経済的・財政的な統合が緊密に結びついて進展しており、歴史上、非常に目を引くものである。そういう印象を受けるのは、少なからず、ブルゴーニュ公とその行政が残した、例をみないほど豊富で重要な記録文書のおかげである。興味深いことにそれらは主としてディジョン、ブリュッセル、リール、少々はデン・ハーフにも保管されており、さまざまな面で提起される研究課題に対応できる。

もちろんこれは、君主とその制度やそこで働く人々が果たす、はっきりした役割に基づいて国家形成過程をとらえる見方である。それらは中世末期のどの政治構造でも基礎にある。すでに使われている多くの史料に基づく見方なので、トップダウンの構造が存在するようにみえるのである。

もちろん、こうした着眼点がはたして適切なのかどうか、いうべきことは多い。まず問題となるのは、ブルゴーニュの構造体にそもそも国家という概念をあてはめてもよいのかということである。ヴァロワ家の四人の公それぞれについていまや古典とされている伝記を著したリチャード・ヴォーンは、それほどためらわずに、国家と称していた。それを示すのは、彼の四部作の第一巻フィリップ・ル・アルディ(豪胆公)伝の副題「ブルゴーニュ国家の形成」である(一九六二年初版)。ヴォーンのために公平を期すなら、彼は一九八七年に公刊されたあまり注目されていない論文のなかで、「もっと良い名がないゆえなるブルゴーニュ国家」という言回しを使って、以前よりも大きな疑念を表明した。「ブルゴーニュにはまったく欠けていた象徴物を、イングランドもフランスも所有しており、かなり長きにわたって保っていた。すなわち単一の有力な中核都市あるいは首都、単一の言語、単一の王、そしておそらくはもっとも重要なことに、単一の国名を」[1]。その後ほどなく一九九二年に、イギリスの近世史家ジョン・エリオットは、「複合君主政」あるいは複合国家という概念をつくりだした。彼はこの概念を、ある時期に複数の諸侯領が一人の統治者または一家門のもとで統合されたが、それぞれ固有の慣習と法に従って統治されたような状態を指すのに使用した。それら諸侯領に共通の君主は、それぞれを固有の歴史と政治文化をもつ独立の単位として扱いながら統治したのである。

二十世紀の八〇年代から九〇年代に、ヨーロッパ「近代」国家の生成に関する議論が盛んになり、この問題はまさにその時点の政治的・社会的発展と強く関連していることを明らかにした。じつは、二つの過程が、政治上の計画と（おそらくはそれに先立つ）歴史研究の計画において、政治史の重要性と、伝統的な国民国家の問題性を蘇らせたようにみえる。国民国家を過去の存在として論じることは、国民国家の歴史的正統化を解体することも意味したからである。私のいう二つの過程の一つは、ヨーロッパの統合（そしてグローバリゼーション）が進行し、絶えず強化されていく過程であった。そこでは、最終的にヨーロッパ連合という名になった組織体にますます多くの国が加わっていき、共通通貨も二〇〇〇年までに導入された。そしてもう一つは、かつてソヴィエトに統制されていたヨーロッパ東部が崩壊する過程であり、その結果、かつて歴史のなかに存在していたもっと古い「国家」を引き継ぐと自認する新しい国々や政治構造が出現したのである。

近代国家の出現に関する大規模な研究プロジェクトが、欧州科学財団の資金を得て、ジャン＝フィリップ・ジュネとウィム・ブロックマンス（後者はブルゴーニュ史の権威として国際的に認められている）の指揮下で進行し、今日、それ自体は完結している。しかし、ヨーロッパの統合とヨーロッパ東部の変化の過程はまだ続いており、それらが歴史の叙述と研究に及ぼす影響も続いていくのである。

このようなことを踏まえてブルゴーニュ国家を考えてみるならば、現時点までに新しい本がいくつか出版されており、さらに以前から圧倒的に多くの文献が存在している。ロベルト・ステインは、ブルゴーニュ領ネーデルラントの統合に関する書物のなかで、ブルゴーニュ公が（フィリップ善良公と、さらにシャルル突進公も）王国の王として公式な承認を得ようとしたがすぐさま失敗したことを問題にしている。その王国はロタリンギアまたはフリジアと呼ばれ、フランス王国とドイツ人の帝国の中間の地におかれるはずだった。まさにそうした野心は、王位の獲得につながったかもしれない。確かにその点で、この野心があらわにされたのは、政治権力を人類学的に解釈するクリフォード・ギアーツの伝統に倣えばブルゴーニュ劇場国家と呼ばれるものが華々しい示威運動をおこなったなか、すなわち、一四七三年シャルル突進公が、皇帝フリードリヒ三世との会見に備えてトリーアに入市したときである。少なくともシャルル公の側からは、その会見の狙いは、おおいに熱望する王の称号を皇帝から得ること、それゆえいわば自らの家門が積み上げた成果に冠を添えることであった。しかしステインにとって、国家形成過程とそこで今問題とすべき点は別にある。それはブルゴーニュの豊饒な文化が劇場国家にどう利用されたかということにはない。さらにそれは、アメリカの社会学者チャールズ・ティリーの理論のなかにもない。ティリーはある君主が「国家」をつくるため意のままにできる二つの手段の役割を強調する。それは強制力(戦争)と資本である。ティリーがトップダウンのアプローチにこだわりすぎ、君主がその被治者に課す強制力と、競合する諸侯領との戦争とを過度に強調しているということで、ステインはティリーを退けている。ただし、シャルル突進公の治世はこの理論と一致するものではある。ブルゴーニュ期全体については、ステインは制度上の変化、すなわち、諸制度の(フランスのモデルに従った)統合や、財政機関をはじめとする行政の専門化と官僚化が重要だったことを強調する。しかし国家形成のこうした本質的側面にも、一足飛びにはできない境界線があるということを、すぐにブルゴーニュ公たちは思い知らされた。財政制度は、中世のほかの諸侯領と比べればかなり効率的だったかもしれないが、規則正しく統一的な税システムは決して実現されなかった。そしてさらに重要なことに、あらゆる段階で君主は、税を受け入れて支払う被治者との絶え間ない交渉過程を考えなければならなかった。ブルゴーニュの中央制度の作用に関する概観の締めくくりとして、ステインはこういう問いを立てている。数の上で一定しない貴族顧問官の集団と、さまざまな顧問会で働く四五人ほどの行政官から成る中央政府は、約三〇〇万人が住む領域を、地域の政治エリートの積極的な援助がなければいったいどうやって治めるのか、という問いである。都市エリートと国際商人は、統合過程からもっとも利益を得る人々に含まれ、それに対立する伝統的な貴族層は、やはりステインのみるところ、実力と影響力をかなり低下させていた。この結論は、まずは商人と都市エリートが勝者の地位を占めたことに関するものだが、中世末期と初期近代の低地地方に新制度派経済学の理論を適用するオスカー・

ヘルダーブロムの近作の成果にくみしている。この著作は、国際商業中心地としてのブルッヘへ、アントウェルペン、アムステルダムの相次ぐサクセスストーリーという旧来のテーマを、新制度派経済学で照らし出しているのだが、貿易技術の生む経済発展は、地方の制度と「ナショナルな」制度の双方の活動に影響されるとみている。それによれば、地方の制度のなかで、都市内部の競争に端を発し、すべてを包摂するような制度がつくられ、そのことで外来商人の活動が容易になって、あらゆる種類の国際商業と国際為替が促進されていった。一方、「ナショナルな」制度（つまり君主とその行政によって統制されるもの）は、あえていうならばたびたび、経済発展のブレーキとして作用した。中央国家は政治的軍事的需要に対応するため、税の圧力を強めねばならず、結局は国際商業活動を、もっと少ないコストで繁栄させられる別の都市へと追い出してしまうことになった。商人たちを十五世紀末から十六世紀初頭にブルッヘからアントウェルペンへ、十六世紀末にはアントウェルペンからアムステルダムへと追いやったメカニズムである。さらに付け加えれば、この最新の研究は、政治学で進行中の議論に経済史家が答えたものとみられるかもしれない。その議論とは、国家よりも地方のほうが我々の時代の問題に向き合う備えができているのではないかということである。[2]

王の位階へと昇ろうという、ヴァロワ家ブルゴーニュ公たちが温めてきた夢は、ピレンヌとホイジンガの時代以来つねに大きな論争の的となってきたが、ブルゴーニュ公が展開した政治イデオロギーに関するフランスの歴史家エロディ・ルクプル゠デジャルダンの研究でも検討されている。彼女の結論は、最終的にはホイジンガの視点に近づいている。つまり、ブルゴーニュ「国家」はかなりの程度、幻影だったとする見方である。それはフランスのヴァロワ王家の分家がフランスの親族と同じような地位を得ようとする野望によって育まれたが、ブルゴーニュ公たちの財産と複数にわたる領域はどうしても合成物としての性格をまぬがれなかった。しかしブルゴーニュの夢は、シャルル突進公がナンシーの戦いで死去した一四七七年一月五日の災厄のあとも、生きつづけていた。政治思想としてのブルゴーニュは、その公たちの直系が絶えたときでさえも生き残った。一五一二年、皇帝カール五世(シャルル突進公の曾孫で、この公にちなんで名づけられた)が、自分の祖先の北部諸領をいわゆるブルグント帝国クライスに統合した際、政治思想としてのブルゴーニュがついにかたちをとった。これによって、低地地方のブルゴーニュ諸侯領はもはやフランス王政との制度上の結びつきをもたず、フランス国王裁判所であるパリ高等法院に従属しないことになった。その代わり、メヘレン大顧問会が最高裁判所となり、シャルル突進公が一四七三年、このパリ高等法院をまねてメヘレン高等法院を設立したときに思い描いていた役割を引き継いだのである。メヘレン高等法院という大胆な新設機関は、創設者の死後まで残ることはなかった。しかしブルゴーニュの夢は終わってはいなかった。カール五世は最初の遺言で、ブルゴーニュ家の祖先たちの傍ら、ヴァロワ家の公たちがディジョン近郊シャンモルのカルトジオ会修道院に建てた霊廟に埋葬されたいという願いを表明している。そしてカール五世は、北アフリカでもトルコに対しても、ムスリムとの戦いを企てた際、意識的にフィリップ善良公とシャルル突進公の足跡をたどっていた。ブルゴーニュの一連のシンボルも生き残った。ハプスブルク家の君主たちの軍は、フランスを相手にしてもプロテスタントの反逆者を相手にしても、ブルゴーニュのシンボルであった聖アンデレの十字架の旗を掲げて進んだ。そしてもちろん、おそらくは何よりも目につくのは、金羊毛騎士団である。一四三〇年にフィリップ善良公が創設したこの騎士団は、かつての諸侯領の古い境界を越えて、ブルゴーニュ公の子孫のもとに貴族たちを統合しつづけ、今日にいたる。

そしてこのすべてにおいて、被治者たちは？　ボトムアップによる見直し

最近出版された研究はすべて、一つの点では同じ意見である。それは（認めざるをえないが）

簡単には見過ごせない。すなわち、ブルゴーニュ公たちがヨーロッパでも高度に都市化された地方で政治統合の過程を展開したのは「幸運」だった、ということだ。ブルゴーニュ公の北部領域のなかの多くの都市は文化創造の温床となっていて、それがまた、ブルゴーニュ公自身の被治者と同時代の「外国の」利害関係者の心や精神に訴えるプロパガンダのために非常に役立った。多くの絵画、細密画（ミニアチュール）、タペストリー、彫刻、宝石、金銀細工、宮殿・邸宅など、すべての工芸品が、ホイジンガに強い印象を与えたのは、中世の終末に関するホイジンガの古典的著作が示すとおりだが、それらは、ブルゴーニュ公家、その宮廷、そして都市の環境が互いに著しく作用し合い、大きな影響を与えたという証である。

このことは、ある程度、政治的な進展についてもいわゆるルネサンスの文化表現についても、北部・中部イタリアの都市化の影響と比較できる。一見して、多くの似たような発展がある。イタリアも低地地方も、たいていは一都市の支配する領域単位がモザイクのように集められていた。しかしそこにはすでに大きな相違も明らかとなっている。イタリアの「領域国家」の場合、ジョルジョ・キットリーニとその弟子たちによる多くの著作が明らかにしたように、イタリアの領主制は真の都市国家の樹立にいたる都市の制度と直接に結びついていた。これとは逆にブルゴーニュ領低地地方では、諸都市は君主の機関と制度がもつイデオロギーの力の背後で動いていた。都市と君主の対立は、ときには公然の戦争へと発展することもあったが、あらゆる対立においてつねに都市は君主の政治的優位を認めていた。おもにイタリアの政治思想家たちの著作に触れた形跡はあるにせよ、十六世紀末以前には、あからさまな共和主義は決して出てこなかった。政治思想の受容が理論の段階を超えなかった一方で、現実には、「公共善」という概念がどれほどあいまいでも、それに対する責任を（君主と人民とが）共有するという政治姿勢がとられていた。

だからといって、大ブルゴーニュ諸侯領（great Burgundian principality, ルクプル＝デジャルダンが「国家」の代わりに提案する用語）、あるいはブルゴーニュ複合国家の生成において、都市が重要な役割を果たさなかったというわけではない。その逆である。しかし都市の役割は独特で、ただ一つの要素から生まれたもので、都市はそこから力を得ていた。それは都市の経済発展である。都市の財政力がブルゴーニュ公たちのつねに増大する財政需要にとってあまりにも重要だったので、ブルゴーニュ公がめざす課税に諸都市の同意を得るため協議する過程は、ティリーが「国家形成への枢要かつ徹底的な道筋」と銘打ったであろうものにおいて欠かせないステップだった。

15世紀のブルゴーニュ諸領の面積と人口

諸侯領	面積(km²)	人口	人口密度
フランドル	10,230	705,000	68.9
アルトワ	5,176	176,000	34.0
ブラバント	9,800	399,000	40.7
リンブルフ	785	15,500	19.7
エノー	7,214	202,000	28.0
ホラント	4,030	254,000	63.0
ゼーラント	1,100	85,000	77.2
ナミュール	1,560	18,000	11.5
ルクセンブルク	11,121	68,000	6.1
ヘルレ	5,612	135,000	24.0
ピカルディ，ブローニュ	10,912	231,500	21.2
低地地方合計	67,540	2,289,000	33.9
ブルゴーニュ	25,714	500,000	19.4
フランシュ＝コンテ	16,188	242,000	14.9
南部諸領合計	41,902	742,000	17.7
総計	109,442	3,031,000	27.7

出典：R. Stein, *De hertog en zijn Staten. De eenwording van de Bourgondische Nederlanden, ca. 1380–1480*, Hilversum, 2014, p. 20 より作成

人口密度の数値でブルゴーニュの諸領（十五世紀後半）を概観してみると、最大級の都市がどこに位置しているか考えなくても、もっとも都市化された諸侯領はどこなのかすぐにわかる。それは、フランドル、ブラバント、ホラント＝ゼーラントである。ほかの諸侯領はすべて、それとは異なり、ブルゴーニュの「南部」諸領（本来のブルゴーニュ、つまりブルゴーニュ公領・伯領）の大半ではまだ伝統的な経済が優勢であった。そこでは農業が主要な産業であり富の源泉であったのだ。大まかにいってブルゴーニュ公たちははっきり区別された二種類の収入を得ていた。いわゆる所領収入（あるいは「経常」収入）と、臨時収入、つまり被治者が同意する援助金である。もちろん、はじめの二人の公（フィリップ豪胆公とジャン無畏公）の治世の間、王の金庫からの「贈与」が大変重要だったという事実を考えると、臨時収入は被治者にとってそれほどたいした重荷ではなかった。それはさておき、フィリップ善良公とシャルル突進公のもとではもはやフランス王の金庫からの送金はなかったので、結局のところ、ブルゴーニュ公自身が被治者へ税の圧力をおおいに加えたということになる。全体的にいえば、所領国家から財政国家への進展を目の当たりにする。それについては、ブルゴーニュ諸領にもあてはまるようなモデルが、以前の多くの研究で（なかでも、オームロッドとボニーにより「近代国家」の出現に関する欧州科学財団プログラムの該当巻で）論じられている。

ブルゴーニュ時代後期の所領収入と援助金における各諸侯領の比率

（単位：%）

諸侯領	所領収入（1445年）	所領収入（1467–68年）	同意された援助金（1462–64年）	要求された援助金（1462–67年）	援助金（1473年）
ブルゴーニュ，フランシュ＝コンテ	33.70	20.69			
ブラバント，リンブルフ	10.67	11.95	25.6	24.3	23.7
フランドル，メヘレン	18.88	26.99	28.0	24.3	25.4
エノー	7.08	4.08	4.8	4.9	7.1
アルトワ	2.79	9.73	11.3	10.2	6.2
ソンム諸都市	13.05	14.43			
ブローニュ	2.93	2.64			
ナミュール	2.83	1.01			
ホラント＝ゼーラント	8.05	8.18	30.3	36.5	27.0
その他の諸侯領					10.7

出典：R. Stein, *op. cit.*, p. 234, 260 より作成。

このブルゴーニュ時代の後期について全般的なデータをいくつか、大まかに出すことができる（前頁の表）。

ブルゴーニュ公の税の圧力がつねに増加しつづけた例として、ブルゴーニュ諸領のなかで最大規模であるとともにもっとも反抗的な都市ヘントで、君主が都市財政への圧力を増したために及ぼされた影響をみてみよう。

図中で衝撃的な要素は、一四五三年ガーヴェーレの戦場で都市ヘントがブルゴーニュ公に敗北したのち、この都市に科された罰金の影響である。それは結局ブルゴーニュ公の金庫に入ることになる、かなり高率の都市課税へとつながった（グラフでは太線で示す）。都市間接税は、経済学者のいうピーコック＝ワイズマン効果を示し、一四五三年以前の水準には二度と下がらなかった。やはり、科された罰金を賄わなければならなかったため（グラフの細線）、間接税には深刻な影響が及んだ。この税は日用品の消費（ビール、ブドウ酒、穀物、暖房用の泥炭など）に課されたので、税は大衆に転嫁されたということになる。じつに、全体を賄うのは結局のところ一般大衆だった。彼らはすべての間接税を課され、罰金と、ブルゴーニュ公に支払う重い援助金と、都市の残りの負債を負担していた。対極には裕福な都市金融エリートがいる。短期的にみれば、彼らは都市で定期金を大規模に購入する。彼らの

ヘントにおける間接税と君主への支払い（1400–93年）

（単位：フランドル・グロート×1000）

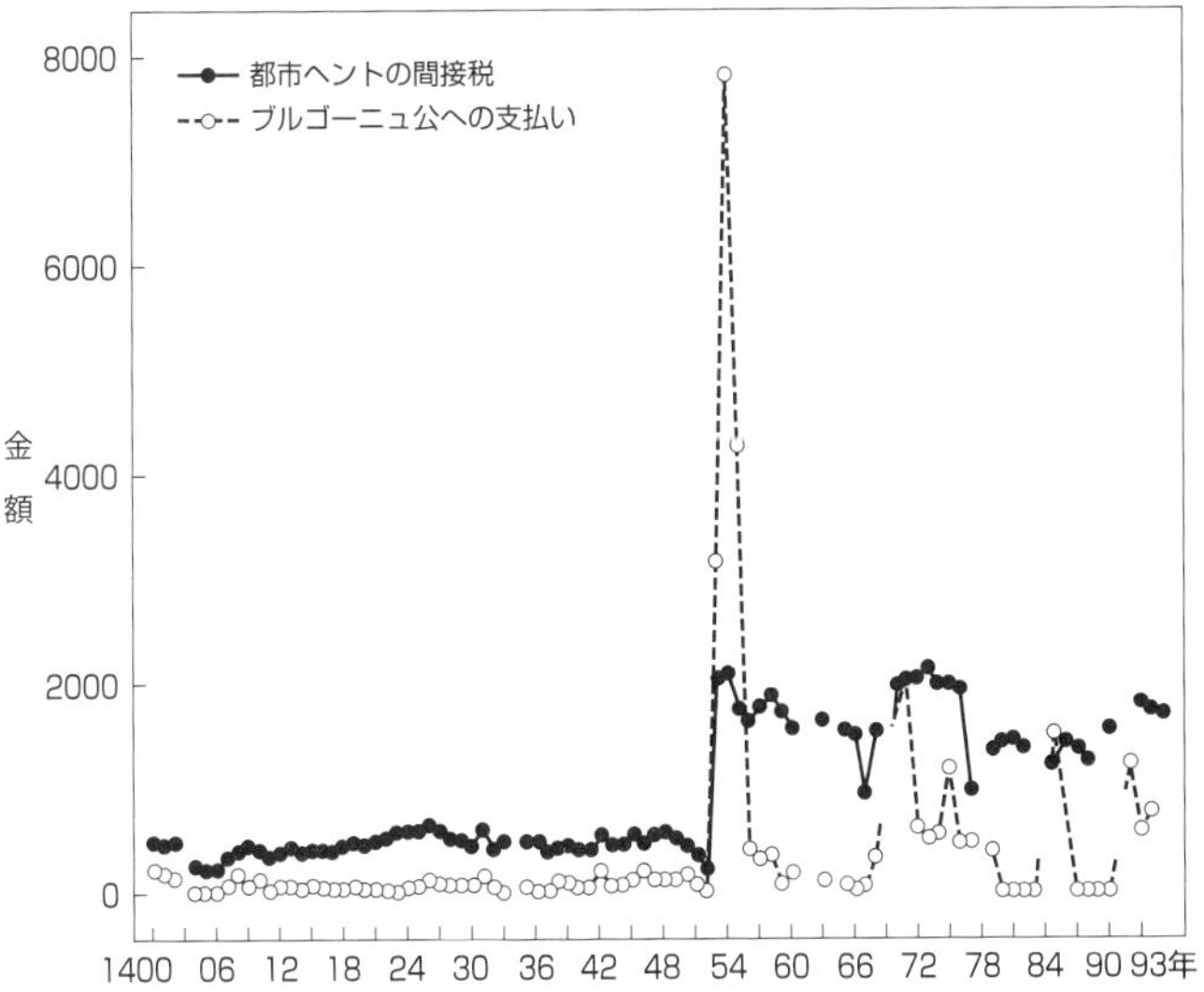

支払う金は都市が当座の現金需要に対処するのに必要だった。しかし長い目で見ると、都市は定期金の購入にかかわった人々に安定した収入を提供する一方で、諸都市共同の債務を負い、それゆえ必然的に、全住民に対して高率の税を課しつづけたのである。

もう一度いうが、ブルゴーニュ諸領に関するデータから引き出せる結論は、低地地方の北部諸領が重要となっていたこと、それらの諸領のなかでは高度に都市化された諸侯領であるフランドル、ブラバント、ホラント＝ゼーラントの果たした役割が大きかったこと、である。その都市エリートの同意が、ブルゴーニュ公の金庫を満たすためには必要であり、それなしにブルゴーニュ公たちは自らの政策を追求することはできなかった。しかし、国家形成過程に対して都市エリートがどんな見方をしていたのか、明らかにするのはそれほど簡単ではない。イタリアの都市国家では、明快なイデオロギーと着想に富む文章が多く生み出されたが、それとは反対に、ブルゴーニュ公の被治者たちの声は簡単には解き明かせない多声音楽のように思われる。この特別な響きを解き明かすことに、近年の歴史研究はおおいに関心を寄せてきた。支配する君主側の言説は、より広い公衆に届くような手段を何でも自由に使えたが、被治者たちの声の響きはその言説の陰になっているかのように隠されている。

それゆえ、被治者の視点を明らかにするという点で、多くの反乱・転覆活動と言説は重要性を増している。ヤン・デュモリンとイェル・ハマースを筆頭に、私のかつての学生で現在は同僚となった人々が明らかにしているように、そうした言説は何層にも積み重なり、ある都市の言説を築き上げる素材となっていた。それはたとえ同時期に発展したイタリアの都市イデオロギーがもったような知的影響力をもたなかったとしても、それでもなお、歴史的に大変重要である。少なからず、都市のアイデンティティが集合記憶と非常に緊密に織り交ぜられていたからである。特権状のような文字で書かれた文章のなかだけではなく、行列その他の公衆の示威活動を通じ、都市空間を儀礼で占拠する行為のなかにも、集合記憶が埋め込まれていた。もちろんそれらに対して、君主とその行政は、異議の声を静めようとして、注意を怠らなかった。都市文書の没収、集団的示威活動や行列の組織に対する禁止令、反乱した都市の破壊からなる(といっても部分的破壊にとどまるか、実際にはおこなわれない)究極的な処罰など、ブルゴーニュ公たちと後継者であるハプスブルク家の人々が採った抑圧手段からすると、彼らは危険がどこからくるかを完璧に理解していた。彼らの視点では、特権や集合記憶からなる文字の世界を支配することが必要だったのみならず、都市空間を支配することも同じく重要だった。

長い目でみると、君主の勢力に代わろうとする勢力の反乱や批判的な示威運動が、被治者によって企てられても、それらの重要な結果のなかには、ただちに影響を及ぼすにはいたらなかったものもあるかもしれない。しかし、結果はそこに残り、必要とされれば呼び出されて活発になるイデオロギー遺産の一部になった。マリ・ド・ブルゴーニュのいわゆる大特権は、まさにそのようなものであった。一四七七年、ブルゴーニュ複合国家は劇的な危機を経験し、領土の一部(本来のブルゴーニュ)を決定的に失うことになった。マリはその危機の間に統治を始めるにあたって、この特権状を授与した。最近の校訂者はこれを低地地方ではじめての真の国制文書として称えている。しかし一四七七年の危機の直後には、大特権は効力をもつかどうか不明だった。どれほど重要性のある文書なのかわからなかったのはいうまでもない。ところがもう少し広い視野に立つと、十六世紀にスペイン国王フェリペ二世に対して反乱を起こした被治者たちが、この王を廃位しようという政策を支える論拠を探したとき、大特権は極めて重要なものとなった(そしてはじめて校訂されもした)。ほかの重要な文書についても、それ以前の時期にさかのぼる文書でさえも、論拠として注目を浴びたのである。例えば、ヤーコプ・ヴァン・アルテフェルデがフランドル伯領を治めていた時期、一三三九年にフランドルとブラバントの諸都市が結んだ盟約がある。この文書は、フランドル伯とブラバント公の権力を合同の議会に従わせようとしており、その議会は、関連諸都市の代表から構成され、最終的には君主から位を奪うことも決定できるものだった。もう一度いおう。文書が出された直後にはまるで実効性がなくても、未来の同じような運動にとっては強力な着想源になったのだ。

しかし、都市のイデオロギーが存在するという証拠を、政治的な文章や条約、つまり闘争や苦しい交渉の結果であり、明確な政治目的をもっているものだけに求めるべきではない。十四世紀ネーデルラント俗語文学に関するフリッツ・ヴァン・オーストロムの最近の総合研究は、説得力ある論拠に基づき、私たちの注意をひとまとまりの文章群へと引きつけた。[3] それは、文学史上確固たる古典には属さないかもしれないが、都市中流のさまざまな集団が生きていた世界とその価値観から着想されている文章である。もちろん問題になっているのは現存の文章で、その多数は下層集団の「公衆の声」と銘打たれているものになっている。(デュモリンとハマースが研究したように)フランドルの大都市のなかにもそういう関係がある。知的エリートが秩序転覆の策だとみて噂や「文句」に傾けた注意は多くの文章がある。中世の指導的な法学者で政治理論家のバルドゥスとバルトルスも、多くの都市のを語る。騒擾《そうじょう》に存在する「人民の偽の声」(vana vox populi)を「事実の明快さ」(notorium facti)すなわち明確な証拠と真実に対比している。

　何がしかの洞察を与えてくれる多くの二次文献から、こう結論してよい。都市住民がその都市の政治的・経済的な状態に関する体制転覆的あるいは批判的な発言をすることは、大都市の政治力の少なくとも一部分になっていた。この点でも都市の規模の大きさと批判的な大衆とがおおいに重要なようだ。デュモリンとハマースが引用するほとんどの例はヘント、ブルッへ、イープルのような真に大きな都市からのものである。驚くべきことに、そうした諸都市は、何世代にもわたって、君主とその行政と相対する代表制システムの生成に決定的な役割を果たしてきた。ワルター・プレヴニールとウィム・ブロックマンスの開拓的な研究が示すように、まさにブルゴーニュ時代の間はずっと、フランドル伯領では三大都市の代表によって支配されるいわゆる第三身分の代表制システムが変わらぬ位置を占めていた。もちろんこのシステムはいわゆるブルゴーニュ国家の形成過程から圧迫を受けた。すなわち、フィリップ豪胆公とジャン無畏公の治世というブルゴーニュ時代の初めに、代表制システムはおおいに活発だったのに、フィリップ善良公のもとではかなり活動が抑えられてきて、権威主義者シャルル突進公の治世の間はなおさらそうなったのである。しかしこの代表制システムは、本質的な面を保っていた。それは、会合の招集がメンバー自身の特権でありつづけたという点で、会合が「自由」だった、ということである。招集権を握ろうとしたブルゴーニュ公もいたが、決して成功しなかった。フィリップ善良公がブルッヘとヘントというフランドルでもっともやっかいな二都市の反抗にとどめを刺したのち、治世末に、全ブルゴーニュ領の「全国議会」が君主の主導で活動を始め、その結果、第三身分の影響力が弱まった。あまり都市化が進んでいない諸侯領では、貴族と教会という伝統勢力が代表制機関のなかで大きな影響を及ぼしていたからである。それでも、ブルゴーニュの諸侯領すべてを範囲とする代表制機関が存在するようになると、それ独自の伝統が発展した。その結果、一世紀後、スペインのフェリペ二世に対するネーデルラントの反乱の間、全国議会は抵抗運動の支柱、そしてその最終結果であるオランダ共和国の支柱になるのだった。

代表制機関は、初期の頃、どのようにして独自の言説を少しずつ発展させていったのか。初期の頃の言説は、貴族、宮廷、教会のエリートの用いるような支配者の政治言説とそれほど違ってはいなかった。代表制の言説でもキーワードとなるのは、政治体、公共の福利、平和、正義そして良き統治といった概念である。君主やその顧問官たちの言説と渡り合って、その代わりになれるような言説は、すぐには出てこない。言説は一見極めて型通りのものでしかなかったが、それでも、支配者のイデオロギー言説を換骨奪胎するなかで、都市の中流集団の率直な要求を反映したのである。

新しい枠組みか、それとも新しい樽に古い「ブルゴーニュの」酒か?

光栄にも数年前から引き続き私が代表を務めている、都市社会についての研究組織は、国家形成過程の政治史を、都市社会史に結びつけ、さらに商業資本主義の広がりによって都市より広い社会に引き起こされた根本的な変動にも結びつけようとしてきた。都市のさまざまな集団、すなわちエリートと中流集団は、すでに強調してきたように、どちらの過程でも決定的に重要だった。政治参加と代表制についての研究の流れから、君主の活動への彼らの関わりが多くの点において決定的だったことがわかっている。

しかし、進行中の研究領域が一つ残っている。ブルゴーニュ化、すなわち被治者たちがブルゴーニュ家門とその活動に同化していく過程は、なぜ、そしてどのように起こったのか、説明しなければならない。ルクプル＝デジャルダンが、未完の王国に関する未刊行の教授資格論文のなかで論じているように、ブルゴーニュは現実の国家としてよりもブルゴーニュののちの時代の理念と理想像として成功を収めた。ブルゴーニュののちの時代というのは、研究文献をいまだに深刻に支配している、一四七七年という伝統的な終末を受け入れるならばの話である。そのブルゴーニュは、想像上の「黄金時代」への郷愁に満ちた概念だ。一四七七年以後の深刻な危機と、十六世紀に世界で引き起こされた大混乱のなかで、黄金時代は失われた。新世界と「植民地」の発見に関する新しい知見が世界の自画像を引き裂いてしまい、その結果、グローバル化する経済によって痛烈な影響を受けることになり、ローマ・カトリック教会の知的・宗教的な覇権を打ち破る試みが成功したがために、宗教上で疑いのない事柄はなくなった。そのようなことを、最近、ティーネ・メガンクが老ブリューゲルの絵画『反逆天使の墜落』を読み解いて、完璧に示している[4]。このような状況で、馴染み深く安心させるようなもの（ここではブルゴーニュという古びた黄金時代）に回帰するというのは、ほとんど「当然の」反射作用である。

ヴェルナー・パラヴィチーニの退職の際に献じられた論文集は、国際的に認められた多くのブルゴーニュ史専門家たちの研究を反映しているが、基本的に、そしてかなりの程度、ブルゴーニュののちの時代や、ブルゴーニュ公とその複合国家がもう存在しなくなった直後からブルゴーニュがヨーロッパ中の宮廷に及ぼした影響を扱っている。それはたんなる偶然ではない。

同じ立場をとるのがハマースである。彼もまた一四七七年にブルゴーニュの構造体を襲った危機以後を研究している。大体のところ一四七七年シャルル突進公の死から一五一五年カール五世の即位までの時期は、低地地方の歴史ではかなり無視されてきたのだが、この時期にあらわれてくる数々の要素が、ブルゴーニュの企ての革新性を理解するために欠かせないとハマースは考える。国家形成過程に関する彼の見方は、もちろんウェーバー、ティリー、そしてつねに名前の挙がる人々に基づくが、圧倒的に、フランスの社会学者ピエール・ブルデューの国家理論から得られた数々の要素を加味している。どの国家も絶対に必要とする事柄とは、社会のなかで権力と暴力の執行を発動して独占するということだが、それに加えてブルデューは、伝統的な経済・社会・文化資本のほか、「象徴資本」の蓄積が必要だとする。象徴資本は権限をもつ強大な人物、例えば君侯が活動を通じて得た評価に関係する。人々を貴族に叙したり、行政官、裁判官、財政役人たちを指名したり、あるいは大逆罪の罪状に基づき有罪を宣告したりするために、象徴資本を用いるのが、彼(ないし彼女)の権力なのである。こうした上位の資本によって、統治者は自らの被治者に価値観を押しつけ、自分の権威と正統性とを引き出すのだ。この正統性というものが問題になったときに、ブルゴーニュの理念がどのくらい深く根づいていたか、この理念との一体感が被治者たちの心と精神のなかで本当にどのくらい強かったかを推し測ることができる。それは、オーストリアのマクシミリアンに対する内戦の時期、すなわち一四八二年マリ・ド・ブルゴーニュの死から、九二年ヘントに対する君主側の最終的な勝利までの時期である。象徴資本は統治者個々人の遺産というわけではなく、彼ないし彼女が死去してもその墓のなかで雲散霧消するものではない。適法の後継者としての形が整えば、君主は、オーストリアのマクシミリアンのように、当地に来たばかりでまったく異なる政治文化のなかで振る舞う心構えがないという不利な条件がついていた者でさえ、君主家門に対する広範囲で伝統的な忠誠心と、被治者の大多数が「ブルゴーニュ」に抱く一体感に支えられたのである。その例は、フランスへの併合の際、アラス市民の集団が示した態度である。少なくとも一定の時期、外からの脅威、すなわちフランス王がかつてのブルゴーニュ諸領に対して仕かけた戦争の状況下ではこうした一体感が続いた。しかしマクシミリアンが、ひとたび自らの諸侯領の大都市エリートや伝統的な貴族身分の利害関係者たちを攻撃すると、マクシミリアンは象徴資本を大幅に失い、摂政顧問会と争わなくてはならなかった。この摂政顧問会が、マクシミリアンの息子つまりのちの大公フィリップ・ル・ボー（端麗公）の長きにわたる未成年期に、マクシミリアンに代わる権力の中心として行動したのである。

マクシミリアンは君主と被治者の間の結びつきを破ったのだ。被治者の同意なしに税を課し、またしても同意なしに金を動かし、すべてにおいて不公平感を植えつけた。そうした感情から、まず都市エリートの間での信頼は大きく失われた。さらに、マクシミリアンは伝統的な貴族のうちのかなりの部分、金羊毛騎士団の騎士仲間の信頼さえも失った。それはマクシミリアンが宮廷や行政の重要な地位に、ドイツ人の顧問官を押しつけようとしたときだった。そうして、都市のエリートと中流集団を一方とし、貴族をもう一方とする二つの勢力が、一見不自然な同盟を結んだことが、いわゆる摂政顧問会の柱となっていた。こうした都市と貴族の同盟は、十六世紀のフェリペ二世に対する反乱の間に再び考案され、成立することになる。

ブルデューが、疑問の余地なき権威と正統性を念頭においた個人的なカリスマについで、統治者の象徴資本の本質的な一部と考える二つ目の要素は、儀礼と文章表現に示される君主のイデオロギーからなる。この中心概念は、結局のところ、代表制機関において都市エリートが発達させた政治言説を扱った際、すでに言及した概念に極めて近い。「公共の福利」のため、そして「公共善」について責任を共有するというのは、もちろん、あらゆる政治的発言行為と公式の記録に浸透する、非常に一般的な原則である。君主と都市（この都市側にオーストリアのマクシミリアンに対する戦争の間は地方貴族が加わった）のどちらの側も、同じ原則を引用するとなると、もちろん躍起になって相手の論拠に疑念を投げかけるだろう。最終的にはこのうちの一方が、そして十六世紀のネーデルラント反乱を例外にすれば、たいていの場合は君主がゲームに勝ち、イデオロギーの支配権を得た。そして時間をかけて、ブルゴーニュ公たちが非常に巧みに操ったコミュニケーション・ツールを再び使いながら、自らのイデオロギーをさまざまな方法でできるだけ補強し押しつけていった。そこでは公共空間は知的な討論と同じような意味を帯びていた。

もしブルゴーニュ公たちの業績をまとめようとするならば、強調すべきなのは、複数の伝統的な中世諸侯領からなる領域の政治的統合が継続できると示したことである。といっても、ブルゴーニュ公たちの財政需要が被治者たちの支払能力を考慮し、公たち自身絶え間ない交渉に従っていた限りにおいてのことだ。ブルゴーニュ公たちが司法分野において中央集権的な傾向の統治モデルを押しつけたことは、例えばフランドル顧問会の場合のように、ブルゴーニュ時代の初期に抗議を引き起こした。しかし、争う被治者たちはしだいに、顧問会ははるかに良質で、専門的で、能率的な司法を提供するものだと考えるようになった。そしてまた、これはすべて、国際貿易を処理するときにはまさしく前進、あるいは利益をもたらすと察したのである。一三九八年にフランドル四者会議は、フィリップ豪胆公に請願書を提出し、一三七九～八五年のヘント反乱という君主側にとっての悪夢をちらつかせながら、新しく設立された二つの顧問会と代訟官長職を廃止するよう迫ったが、一四七七年の大特権でマリ・ド・ブルゴーニュは、この都市エリートの子孫たちの要求に応じて、フランドル顧問会を再建し、フランドル伯領内の調停者という役割を確認した。司法が被治者にとって重要だったことは、一四七七年に出されたすべての特権の条項のうちちょうど三分の一が司法を扱っているという事実から明らかである。ブルゴーニュのほかの新制度の浸透についても、同じような所見を組み立てられるかもしれない。それはまたしてもフランスのモデルから着想された、会計院である。会計院の存在は、ブルゴーニュ時代の始まりに議論されたが、一四七七年には被治者の求めで確認された。マクシミリアンに対する戦争の間に、ヘントの人々は、独自の会計院を設立し、マクシミリアンの支配から脱していた諸都市・諸地区を管轄することにした。この事実は、どのように公共の金が集められ、使われるかという財政統制力が、裁判と同じく、社会全体を動かすために本質的な問題と考えられていたということを示す。もちろん、ブルゴーニュ政府の活動をずっと特徴づけていた汚職・結託に関する不平不満から社会を解放するという際に、財政統制力と司法は双生児のように結びついていた。

認められるものと認められないものとの間にははっきりと線が引かれていた。シャルル突進公が構想し実際に設立さえした上部構造、つまりメヘレンの高等法院と統一会計院は、受け入れられなかった。それらはこの公の死後の混乱をへて残ることはなかった。シャルルの被治者は機会をとらえ、公共善についての自分たちの解釈を相続人マリ・ド・ブルゴーニュに突きつけた。司法の尊重、公共財政の公平で適正な扱いへの関心。そのすべては文字通り、旧来の諸侯領の境界内で、諸侯領の古い特権を尊重しておこなわれねばならない。具体的に考えてみよう。例えばブラバント公領の場合、特権状により、役人はブラバント人のなかから採用されるのであって、外部から「連れてこられて」はならないと規定されていた。マクシミリアンに対する戦いの間、摂政顧問会はフランドル都市エリートと一部の貴族に支えられていたが、自分は我が子の摂政であるというマクシミリアンの主張を力で押しつけるためにドイツ人の強力な軍隊が動員されてくると、摂政顧問会は最終的には統制力を失い、降伏を余儀なくされた。この敗北は、摂政顧問会を支えた人々の立場の妥当性を弱めるものではないし、彼らを、ピレンヌやその見方に従う多くの著作家たちが主張してきたように、一つの国家が必然的に構築されるのに抗して、過去の時代に属する失われた大義を守ろうとする輩《やから》と決めつけるものでもないのである。

ブルゴーニュの構造体のような複合国家は、被治者の順境と経済の成功とにあまりにも大きく頼っていたため、彼らの利害を無視することはできなかった。一四八八年四月二十八日の全国議会での演説で、ヘント市と摂政顧問会に仕える弁護人ウィレム・ズーテは、聖書、古典哲学、ローマ法や中世法から取り出した論拠を駆使して、オーストリアのマクシミリアンの行動に対して強力な異議申立をした。中心となるのは、君主は三つのことを尊重するべきであるという論拠である。被治者一人一人が公明正大な司法にあずかれるよう保障すること、平和を維持すること、貧しき者たちが抑圧されたりあまりにも重く課税されたりしないようにすること、である。もし君主がそれと反対の行動をとるなら、当然のごとく神の怒りにあうだけでなく、被治者は君主に対して立ち上がる十分な理由をもつだろう……。この明白な抵抗権(ius resistendi)の主張のなかに、一つの社会あるいは「国家」がどのように組織されるべきかについて、近代に先立つ共和政の見解の一つが提示されている。これこそかつての低地地方の独創性を明らかにしている。そこは都市の領域であり、「くに」の統治に積極的に参加する、意識の高い都市民がいた。彼らは「くに」の福利に貢献し、君主が市民社会の価値を尊重して、対話に入り、賢明に振る舞うことを受け入れる限りにおいては、君主の統治を厭うことなく認めるのだ。その点において彼らは驚くほど「近代的」であり、十六世紀末にはすでに本物の共和国へと向かっていた。それはイングランド、アメリカ合衆国、フランスで、よく知られた革命が、一般的に認められた民主政に向かう道を整える、はるか以前のことなのである。

1 R. Vaughan, "Hue de Lanncy and the question of the Burgundian State", in: R. Schneider (ed.), *Das Spätmittelalterliche Königtum im europäischen Vergleich*, Sigmaringen, 1987, pp. 334–335.

2 伝統的な諸国家と比べて、グローバルな巨大都市の市長がもつ役割について、B. Barber, *If Mayors Rules the World: Dysfunctional Nations, Rising Cities*, New Haven, 2013.

3 F. Van Oostrom, *Wereld in woorden. Geschiedenis van de Nederlandse literatuur, 1300–1400*, Amsterdam, 2013.

4 T. Meganck, *Pieter Bruegel the Elder, Fall of the Rebel Angels. Art, knowledge and politics on the eve of the Dutch Revolt*, Milan & Brussels, 2014.

畑 奈保美 訳

15世紀のブルゴーニュ公国最大領域と都市

出典：カルメット（田辺保訳）『ブルゴーニュ公国の大公たち』国書刊行会，2000年をもとに部分的に修正して作成。

International Trade in the Low Countries, 1250–1650, Princeton, 2013.

Haemers, J., *For the Common Good. State Power and Urban Revolts in the Reign of Mary of Burgundy (1477–1482)*, Turnhout, 2008.

Haemers, J., *De strijd om het regentschap over Filips de Schone. Opstand, facties en geweld in Brugge, Gent en Ieper (1482–1488)*, Gent, 2014.

Lecuppre-Desjardin, E., *La ville de cérémonies. Essai sur la communication politique dans les anciens Pays-Bas bourguignons*, Turnhout, 2004.

Lecuppre-Desjardin, E., *Le royaume inachevé des ducs de Bourgogne: XIVe–XVe siècles*, Paris, 2016 (sous presse).

Lecuppre-Desjardin, E. & Van Bruaene, A. -L. (ed.), *De Bono Communi. The discourse and practice of the Common Good in the European City (13th–16th c.)*, Turnhout, 2010.

Paravicini, W. (dir.), *La cour de Bourgogne et l'Europe, Le rayonnement et les limites d'un modèle culturel*, Ostfildern, 2013 (Beihefte der Francia, 73).

Schnerb, B., *L'État bourguignon*, Paris, 1999.

Stein, R., *De hertog en zijn Staten. De eenwording van de Bourgondische Nederlanden, ca. 1380–1480*, Hilversum, 2014.

Vaughan, R., *Philip the Bold. The Formation of the Burgundian State*, London, 1962.

Vaughan, R., *John the Fearless. The Growth of the Burgundian Power*, London, 1966.

Vaughan, R., *Philip the Good. The Apogee of the Burgundian State*, London, 1970.

Vaughan, R., *Charles the Bold. The Last Duke of Burgundy*, 1973.

会　2000
A・ジョリス（瀬原義生監訳）『地域からみたヨーロッパ中世』ミネルヴァ書房　2004
川口博『身分制国家とネーデルランドの反乱』彩流社　1995
堀越孝一『ブルゴーニュ家――中世の秋の歴史』講談社現代新書　1996
二宮素子『宮廷文化と民衆文化』山川出版社（世界史リブレット31）　1999
里見元一郎『ヨハン・ホイジンガ』近代文芸社新書　2000
里見元一郎『西欧中世の宮廷文明』近代文芸社新書　2003
畑奈保美他「〈中世の秋〉の歴史世界再考」『ヨーロピアン・グローバリゼーションと諸文化圏の変容研究プロジェクト報告書』Ⅱ，東北学院大学オープンリサーチセンター　2009
Arnade, P., *Realms of Ritual. Burgundian Ceremony and Civic Life in Late Medieval Ghent*, New York, 1996.
Blockmans, W. (ed.), *1477. Het algemene en de gewestelijke privilegiën van Maria van Bourgondië voor de Nederlanden*, Kortrijk-Heule, 1985.
Blockmans, W., *De Volksvertegenwoordiging in Vlaanderen in de overgang van Middeleeuwen naar Nieuwe Tijden (1384–1506)*, Brussel, 1978.
Blockmans, W. P. and W. Prevenier, *The Promised Lands. The Low Countries under Burgundian Rule, 1369–1530*, Philadelphia, 1999.
Boulton, D'Arcy J. D. and J. R.Veenstra (eds.), *The Ideology of Burgundy. The Promotion of National Consciousness 1364–1565*, Leiden, 2006.
Brown, A. and G. Small, *Court and Civic Society in the Burgundian Low Countries, ca.1420–1530*, Manchester, 2007.
Brown, A., *Civic Ceremony and Religion in Medieval Bruges: ca.1300–1520*, Cambridge, 2011.
Dumolyn, J., *De Brugse opstand van 1436–1438*, Heule, 1997.
Dumolyn, J., Haemers, J., Oliva Herrer, H. R. & Challet, V. (ed.), *The Voices of the people in late medieval Europe. Communication and popular politics*, Turnhout, 2014.
Gelderblom, O., *Cities of Commerce. The Institutional Foundations of*

河原温『都市の創造力』岩波書店　2009
河原温・堀越宏一『図説 中世ヨーロッパの暮らし』河出書房新社　2015
Chevallier, B., *Les bonnes villes de France du XIVe au XVIe siècle*, Paris, 1982.
Cristiani, E. (dir.), *Città e servizi nell'Italia dei secoli XII–XV*, Pistoia, 1990.
Crouzet-Pavan, E. & Lecuppre-Desjardin, E. (éd.), *Villes de Flandre et d'Italie (XIIe-XVIe siècle). Les enseignements d'une comparaison*, Turnhout, 2008.
Duby, G. (dir.), *Histoire de la France urbaine*, t. 2: *La ville médiévale*, Paris, 1980.
Heers, J., *La ville au Moyen Age*, Paris, 1990.
Holt, R. and G. Rosser (eds.), *The Medieval Town*, London, 1990.
Isenmann, E., *Die deutsche Stadt im Spätmittelalter, 1250–1500*, Stuttgart, 1988.
Isenmann, E., *Die deutsche Stadt im Mittelalter 1150–1550: Stadtgestalt, Recht, Verfassung, Stadtregiment, Kirche, Gesellschaft, Wirtschaft*, Wien/Kôln/Weimar, 2012.
Menant, F., *Les villes italiennes, XIIe–XIVe siècle*, Paris, 2004.
Nicholas, D., *Later Medieval City 1300–1500*, London, 1997.
Pinor, J.-L.(dir.), *Histoire de l'Europe urbaine*, t. 1, Paris, 2003.
Roux, S., *Le monde des villes au Moyen Age*, Paris, 1994.
Boone, M. (General Editor), Studies in Urban Social, Economic and Political History of the Medieval and Early Modern Low Countries, Leuven/Apeldoorn (Garant), 1993–2003.（全14冊）
Boone, M. and A.-L.Van Bruaene (Sereis Editors), Studies in European Urban History (1100–1800) Series, Turnhout (Brepols), 2003– .（既刊37冊）

ブルゴーニュ公国とネーデルラント都市

J・ホイジンガ（堀越孝一訳）『中世の秋』中公文庫　2001
J・ホイジンハ（坂井直芳訳）『わが歴史への道』筑摩書房　1970
J・カルメット（田辺保訳）『ブルゴーニュ公国の大公たち』国書刊行

瀬原義生『ヨーロッパ中世都市の起源』未來社　1993
鯖田豊之『ヨーロッパ封建都市』創元社　1957/1994（講談社学術文庫）
増田四郎『都市』筑摩書房　1968/1994（筑摩学芸文庫）
山瀬善一『南フランスの中世社会・経済史研究』有斐閣　1968
林毅『ドイツ中世都市法の研究』未來社　1972
井上泰男『西欧社会と市民の起源』近藤出版社　1976
阿部謹也『中世の窓から』朝日新聞社　1981
清水廣一郎『イタリア中世都市国家研究』岩波書店　1975
森本芳樹編訳『西欧中世における都市と農村』九州大学出版会　1987
森本芳樹編『西欧における都市＝農村関係の研究』九州大学出版会　1988
斎藤絅子『西欧中世慣習法文書の研究』九州大学出版会　1992
宮松浩憲『西欧ブルジュワジーの源流』九州大学出版会　1993
樺山紘一『パリとアヴィニヨン――西洋中世の知と政治』人文書院　1990
森田安一『スイス中世都市史研究』山川出版社　1991
比較都市史研究会編『都市と共同体』上・下，名著出版社　1991
高橋理『ハンザ「同盟」の歴史――中世ヨーロッパの都市と商業』創元社　2013
斎藤寛海・山辺規子・藤内哲也編『イタリア都市社会史入門――12世紀から16世紀まで』昭和堂　2008
亀長洋子『イタリアの中世都市』山川出版社　2010
山田雅彦『中世フランドル都市の生成』ミネルヴァ書房　2001
藤井美男『ブルゴーニュ国家とブリュッセル』ミネルヴァ書房　2006
高橋慎一郎・千葉敏之編『中世の都市――史料の魅力，日本とヨーロッパ』東京大学出版会　2009
池上俊一『公共善の彼方に――後期中世シエナの社会』名古屋大学出版会　2014
河原温『中世ヨーロッパの都市世界』山川出版社　1996
河原温『中世フランドルの都市と社会――慈善の社会史』中央大学出版会　2001
河原温『ブリュージュ――フランドルの輝ける宝石』中央公論新社　2006

読者のための参考文献

ヨーロッパの中世都市史

H・ピレンヌ(佐々木克己訳)『中世都市——社会経済史的試論』創文社　1970
H・ピレンヌ(佐々木克己編訳)『中世都市論集』創文社　1988
H・プラーニッツ(鯖田豊之訳)『中世都市成立論』未來社　1959/1995(改訳版)
H・プラーニッツ(林毅訳)『中世ドイツの自治都市』創文社　1978
F・レーリヒ(魚住昌良・小倉欣一訳)『中世ヨーロッパの都市と市民文化』創文社　1978
E・エネン(佐々木克己訳)『ヨーロッパの中世都市』岩波書店　1987
M・ヴェーバー(世良晃志郎訳)『都市の類型学』創文社　1964
N・オットカール(清水廣一郎・佐藤真典訳)『中世の都市コムーネ』創文社　1972
D・ウェーリー(森田鉄郎訳)『イタリアの都市国家』平凡社　1971
L・マンフォード(生田勉訳)『歴史の都市 明日の都市』新潮社　1969
W・ブラウンフェルス(日高健一郎訳)『西洋の都市 その歴史と類型』丸善　1986
A・ジョリス(斎藤絅子訳)『西欧中世都市の世界——ベルギー都市ウイの栄光と衰退』八朔社　1995
A・フルヒュルスト(森本芳樹・森貴子訳)『中世都市の形成——北西ヨーロッパ』岩波書店　2001
A・ダイヤー(酒田利夫訳)『イギリス都市の盛衰——1400～1640年』早稲田大学出版部　1998
J=P・ルゲ(井上泰男訳)『中世の道』白水社　1991
N・ゴンティエ(藤田朋久・藤田なち子訳)『中世都市と暴力』白水社　1999
S・ルー(吉田春美訳)『中世パリの生活史』原書房　2004
J・ギーズ／F・ギーズ(青島淑子訳)『中世ヨーロッパの都市の生活』講談社学術文庫　2006
M・ボーネ(ブルゴーニュ公国史研究会訳)『中世末期ネーデルラントの都市社会——近代市民性の探究』八朔社　2013

(With A-L. Van Bruaene), De la politique à l'Humanisme: la culture publique à Gand et à Anvers aux XVe et XVIe siècles, in: E. Crouzet-Pavan, D. Crouzet & P. Desan (dir.), *Cités humanists, cités politiques (1400–1600)*, Paris, 2014, pp. 11–30.

Destroying and Reconstructing the City. The Inculcation and Arrogation of Princely Power in the Burgundian-Habsburg Netherlands (14th–16th Centuries), in: M. Gosman, A. Vanderjagt, J. Veenstra (eds.), *The Propagation of Power in the Medieval West*, Groningen, 1997（邦訳「「都市は滅びうる」——ブルゴーニュ・ハプスブルク期〈14～16世紀〉低地地方における都市破壊の政治的動機」〈青谷秀紀訳〉，服部良久編訳『紛争の中のヨーロッパ中世』京都大学学術出版会，2006年，278-308頁）。

La justice en spectacle. La justice urbaine en Flandre et la crise du pouvoir <<bourguignon>> (1477-1488), *Revue historique*, CXXV, 2003, pp. 43-65.

Armes, coursses, assemblees et commocions. Les gens de métiers et l'usages de la violence dans la société urbaine flamande à la fin du Moyen Âge, *Revue du Nord*, 359, 2005, pp. 7-33.

(With M. Plak), Vorsten, patriciërs en burgers: de kleine en grote traditie van stedelijke revoltes in de Lage Landen, in: K. Davids & J. Lucassen (red.), *Een wonder weerspiegeld. De Nederlandse republiek in Europees perspectief*, Amsterdam, 2005, pp. 91-124.

Henri Pirenne (1862-1935). Godfather van de Gentse historische school ?, in: *Handelingen der Maatschappeij voor Geschiedenis en Oudheidkunde te Gent*, LX, 2006, pp. 3-19.

Charles le Témélaire face au monde urbain: ennemis jurés et fatals ? in: *Karl der Kühne von Burgund. Fürst zwischen europäischem Adel und der Eidgenossenschaft*, Zürich, 2010. pp. 185-201.

(With C. Billen), L'histoire urbaine en Belgique: construire l'après-Pirenne entre tradition et renovation, *Città e Storia*, V, 2010, PP. 3-22.

(With E. Licuppre-Desjardin), Espace vécu, espace idéalisé dans les villes des anciens Pays-Bas bourguignons, *Revue belge de Philologie et d'Histoire*, 2011.

The Desired Stranger. Attraction and Expulsion in the Medieval City, in: L. Lucassen & W. Willens (eds.), *Living in the City. Urban Institutions in the Low Countries, 1200–2000*, New York-London, 2012, pp. 32-45.

マルク・ボーネ主要著作

編著者

(With M. Dumon, B. Reusens), *Immobiliënmarkt, fiscaliteit en sociale ongelijkheid te Gent, 1483–1503*, Kortrijk, 1981.

Gent en de Bourgondische hertogen ca.1384–ca.1453. Een sociaal-politieke studie van een staatsvormingsproces, Brussel, 1990.

Geld en Macht. De Gentse stadsfinanciën en de Bourgondische staatsforming (1384–1453), Gent, 1990.

(Ed. with P. Stabel), *Shaping Urban Identity in Late Medieval Europe*, Leuven/Apeldoorn, 2000.

(Ed. with E. Lecuppre-Desjardin, J.-P. Sosson), *Le verbe, l'image et les representations de la société urbaine au Moyen Age*, Leuven/Apeldoorn, 2002.

(Ed. with K. Davids, P. Janssens), *Urban Public Debts, Urban Government and the Market for Annuities in Western Europe (14th–18th centuries)*, Turnhout, 2003.

(Ed. with G. Deneckere), *Ghent. A City of All Times*, Gent, 2010.

A la recherche d'une modernité civique. La société urbaine des anciens Pays-Bas au bas Moyen Age, Bruxelles, 2010.（邦訳『中世末期ネーデルラントの都市社会』）

Historici en hun métier. Een inleiding tot de historische kritiek, Gent, 2011.

(Ed. with M. Howell), *The Power of Space in Late Medieval and Early Modern Europe. The Cities of Italy, Northern France and the Low Countries*, Turnhout, 2013.

論文

Droit de bourgeoisie et particularisme urbain dans la Flandre bourguignonne et habsbourgeoise (1384–1585), *Revue belge de Philologie et d'Histoire*, 74, 1996, pp. 707–726.

State Power and Illicit Sexuality: the Persecution of Sodomy in Late Medieval Bruges, *Journal of Medieval History*, 22, 1996, pp 135–153.

マルク・ボーネ(Marc Boone)

1955年，ヘント市(ベルギー王国)生まれ
1977年，ヘント大学卒業
1977-88年，ヘント大学中世史教室助手
1987年，博士号取得(ヘント大学)
1989-99年，フランドル科学研究財団研究ディレクター
1999年，ヘント大学文学部教授
2006年，ブリュッセル自由大学客員教授
2007年，パリ第Ⅳ大学客員教授
2012年，ヘント大学文学部長(現在に至る)

河原　温　かわはら あつし(編訳者)
1957年生まれ。首都大学東京都市教養学部教授
主要著書:『中世フランドルの都市と社会――慈善の社会史』(中央大学出版部 2001),『ブリュージュ――フランドルの輝ける宝石』(中公新書 2006),『都市の創造力』〈ヨーロッパの中世2〉(岩波書店 2009),『ヨーロッパ中近世の兄弟会』(共編著, 東京大学出版会 2014)

畑　奈保美　はた なおみ(訳者)
1969年生まれ。東北学院大学・尚絅学院大学非常勤講師
主要論文:「ブルゴーニュ時代フランドルのシャテルニー統治」(『史学雑誌』 第116編第9号 2007),「フランドルにおける援助金の交渉と徴収」(『社会経済史学』 第77巻第2号 2011),「ブルゴーニュ国家――14・15世紀ヨーロッパにおける「統合」の試み」(渡辺昭一編 『ヨーロピアン・グローバリゼーションの歴史的位相――「自己」と「他者」の関係史』 勉誠出版 2013)

藤井　美男　ふじい よしお(訳者)
1956年生まれ。九州大学大学院経済学研究院教授
主要著書:『中世後期南ネーデルラント毛織物工業史の研究――工業構造の転換をめぐる理論と実証』(九州大学出版会 1998),『ブルゴーニュ国家とブリュッセル――財政をめぐる形成期近代国家と中世都市』(ミネルヴァ書房 2007),『ブルゴーニュ国家の形成と変容――権力・制度・文化』(編著, 九州大学出版会 2016)

YAMAKAWA LECTURES
8

中世《ちゅうせい》ヨーロッパの都市《とし》と国家《こっか》
——ブルゴーニュ公国時代のネーデルラント——

2016年5月20日　第1版1刷　印刷
2016年5月25日　第1版1刷　発行

著者　マルク・ボーネ

編者　河原温《かわはらあつし》

発行者　野澤伸平

発行所　株式会社山川出版社
〒101-0047 東京都千代田区内神田1-13-13
電話03(3293)8131(営業)8134(編集)
http://www.yamakawa.co.jp/
振替00120-9-43993

印刷所　明和印刷株式会社

製本所　株式会社ブロケード
装幀　菊地信義

 ISBN978-4-634-47508-3